行思悟道
立己达人

我的教育人生

吴颖民 著

Wu Yingmin

SPM

南方出版传媒 ■

广东教育出版社

全国优秀出版社　全国百佳图书出版单位

中国·广州

图书在版编目（CIP）数据

行思悟道　立己达人：我的教育人生 / 吴颖民著 . —
广州：广东教育出版社，2021.8（2021.8重印）
ISBN 978-7-5548-4011-5

Ⅰ. ①行…　Ⅱ. ①吴…　Ⅲ. ①教育工作　Ⅳ. ①G4

中国版本图书馆CIP数据核字（2021）第060915号

责任编辑：靳淑敏
责任技编：杨启承
装帧设计：张绮华

行思悟道　立己达人——我的教育人生
XINGSI WUDAO　LIJI DAREN —— WO DE JIAOYU RENSHENG

广东教育出版社出版发行
（广州市环市东路472号12–15楼）
邮政编码：510075
网址：http://www.gjs.cn
广东新华发行集团股份有限公司经销
广州市岭美文化科技有限公司印刷
（广州市荔湾区花地大道南海南工商贸易区A幢）

787毫米×1 092毫米　16开本　23.25印张　465 000字
2021年8月第1版　2021年8月第2次印刷
ISBN 978-7-5548-4011-5
定价：68.00元

质量监督电话：020-87613102　邮箱：gjs-quality@nfcb.com.cn
购书咨询电话：020-87615809

序　言

　　吴颖民校长又有新作问世，请我为其写篇序言。作为多年老友，我岂有推脱之理，即欣然为之。

　　这本新作，与其以往著作不同，书中呈现出一个离开了聚光灯，或是走下了讲坛之后的吴颖民。在生活常态中，他也像芸芸众生一样，曾经身陷窘境，曾经心存困惑，也食人间烟火，也有喜怒哀乐；他也像逆袭成功者那样，坚持不忘初心，善于把握机遇，敢于追求成功。总之，这本类似自传体的著作，对一般人而言，能在一定程度上满足他们的"窥私欲"，让人们了解名声在外者那些"名声"之外更多的生活情景、工作细节和思想过程；于教育同行而言，也能让他们在阅读过程中或惺惺相惜会心一笑，或心生共鸣掩卷沉思，甚或恨不得找作者当面质疑展开辩论。正所谓"横看成岭侧成峰，远近高低各不同"，不同的视点，能让读者产生不同的感受，获得不同的领悟，引发不同的思考。

　　这本新作，记录下吴颖民校长从下乡当知青到参加高考，再到初为人师，从华南师大附中的一名年轻教师成长为一位名校长，从继承和发扬一所名校的优良办学传统到创办和打造一所新校的优质教育品牌，从砥砺前行到荣休未休的整个教育人生。我特别欣赏本书"自序"中这一段话:"作为一个教育工作者,我一直工作在讲坛上、校园里,善始善终,无怨无悔,自知自足。""善始善终",许多退休人员都做到了;"无怨无悔",就并非所有人能够做到了;而能够让自己进入"自知自足"的境界,恐怕就更难以达成了。

正因为自知自己初心所在,所以即使身处窘境,也能善于把握机遇,敢于追求成功;因为自知自身不足,所以能够潜心聚力,含英咀华,吮吸华南师大附中优良的办学传统,涵养和提升自身的科学理性;因为自知自己责任在肩,所以能够承先启后,砥砺前行,在继承和发扬华南师大附中优良办学传统中提出自己的办学理念,在构建现代学校管理体系和社会化大教育体系中形成自己的治校方略;还是因为自知自己初心不改,所以能够荣休未休,创立广东省中小学校长联合会,毅然出任广州中学首任校长。

这种自知精神,是成就其教育人生的一种定力。能够拥有像吴颖民校长这样一种教育人生,当知足无憾矣。

书中,在谈到自己的管理经验时,吴颖民校长告诫自己要注意摆正位置,处理好个体与学校之间的关系,"不只是因为你的工作成绩而让学校增光,更因为学校给了你展现自己的平台"。华南师大附中这个平台,是由历届历代华附人所共同打造的。仅就校长群体而言,20世纪五六十年代,王屏山校长在新中国百废待兴中为基础教育发展贡献了一个"华南师大附中模式";八九十年代,蔡汉平校长在拨乱反正、改革开放中让华南师大附中优良的办学传统发扬光大;进入21世纪,吴颖民校长提出了"以完整的现代教育塑造高素质的现代人"的办学主张,让华南师大附中继续在信息化、数字化、智能化时代傲立潮头……华南师大附中的每一任校长,在不同的历史时期都为积累华南师大附中成功的办学经验、形成华南师大附中优良的办学传统做出了不同贡献。学校历史就是这样环环相扣，学校平台就是这样层层叠起，学校的师生们就是在这样的发展历史和成长平台中各领风骚，绽放风采。

过去多年我分管教育工作，对一些教育现象已经养成了思考的习惯。书内"跋语"中有一段文字引起了我的关注："时至今日，我终于可以向我的前任——黄杏文校长、岑学干校长、王屏山校长、蔡汉平校长等一众前辈们报告，在我任内，华南师大附中仍然是广东乃至全国基础教育界一名敢为人先的改革尖兵，一面傲立潮头的旗帜，一所蜚声海内外的名校。"自1952年四校合并为华南师大附中，到吴颖民校长2013年7月在华南师大附中荣休，其间60年有余，数下来就只有5任校长（"文革"十年除外）。自王屏山先生1958年9月担任华南师大附中校长，到吴颖民先生2013年7月卸任华南师大附中校长职务，其间50年有余，华南师大附中先后就只有王屏山、蔡汉平、吴颖民等三任校长（"文革"十年除外）。

通过查阅华南师大附中校史资料，我还了解到，王屏山校长担任华南师大附中校长前，早在1952年9月四校合并之初就担任华南师大附中副校长，有6年时间；

蔡汉平先生接任王屏山先生的校长职务前，已于1976年8月进入华南师大附中工作，先后担任校革委会主任、副校长工作，有近5年时间；

吴颖民先生接任蔡汉平先生的校长职务前，已于1978年10月进入华南师大附中工作，在18年时间里，先后担任校团委书记、副教导主任、副校长。

华南师大附中校史资料还显示，王屏山先生担任华南师大附中校长有12年，蔡汉平先生有15年，吴颖民先生有17年。这三任校长与其前任，都有着数年乃至十数年的共事与合作。

这种"华附现象"——校长的任期，以及前后任校长之间先后衔接、相互契合的人事关系，到底具有怎样的管理学意义？这只是一个特例，还是具有某种普遍意义？

人们对百年老校的推崇，反映出人们对在悠长办学历史中形成的优良办学传统的尊崇和向往。传统，是在理解和尊重中形成的，具有浓厚的人文意蕴。人事关系，就是这种人文意蕴的载体。如果没有先后衔接、相互契合的人事关系，传统的形成就缺乏了一种现实载体的保障。"华附现象"所具有的普遍意义，就在于校长之间的传承关系对办学传统的继承与发扬产生着深刻的影响。或许，这就是"华附现象"可以引发我们对当今校长任期制进行反思的意义所在。

吴颖民先生荣休之后还毅然担任了广州中学的首任校长，在赞叹他荣休未休的精神之余，作为老朋友，我也衷心祝愿他和他的同事们，在新的历程中再创辉煌，把广州中学办成一所具有广州味道、能够传承广州文化精神、富有办学个性的新型学校。

是以为序。

卢钟鹤

2020. 秋

（卢钟鹤，化学家、研究员、博士，曾任中国科学院广州化学研究所所长、广东省科委主任、中共广东省委常委、广东省人民政府副省长、广东省人大常委会主任）

自 序

　　退休之前，总想把自己的从教生涯做一次全面的整理，但总不能如愿。终于，在卸任了华南师大附中和华南师范大学各种职务之后的"空档期"，我可以静下心来，了却这番心愿。

　　回顾一下自己的人生经历，梳理一下自己的成长过程，沉淀一下自己的从教感悟，还原一个讲台之外的真实人生，在这白纸黑字间也算是对自己有所交代了。

　　向已经作古或健在的恩师们汇报一下自己的心路历程，倾吐一下平常难以言表的拳拳心声，以感谢恩师们的指点、帮助和提携，也算是后学晚生表达感恩之情的一种方式。

　　利用这样的机会，也向曾经一次又一次要求我写出自己人生经历的历届学生们还了一笔"文债"。你们总是说："校长，写个回忆录吧，我们想看到一个讲课和报告之外的校长，见到一个丰富、立体、有苦恼也有纠结的校长！"

　　现在，终于可以完成这一桩心愿了。

　　一旦打开记忆的闸门，许多往事便奔涌而出。我生于1950年，几乎与共和国同龄。六十多年的人生，四十多年的从教生涯，其中经历过的跌宕起伏，以及涉及的人和事，确实留下了许多故事！

该从何说起呢？作为一个教育人，咱就专说关于教育的事吧，说说自己的教坛经历，说说自己的执教人生。

说到一个教师的职前准备期，人们通常理解为接受师范教育的学习期间。在我看来，这仅是一种狭义的理解，因为师范教育更多的是传授给未来教师们一些专业知识和技能，以及一些书本上抽象的原理定义。而教书育人的具体过程和实践效果，更多的是基于其人生经历，依赖于对生活的体验，对人性的理解。这些，有的是在入职后通过教育实践积累和完善的，有的则是在入读师范院校之前其生活经历所积累的。

我的职前准备期，是由两个部分组成的：一是入读华南师范大学（那个年代叫广东师范学院）之后所接受的师范专业教育；二是入读华南师范大学之前的生活体验，尤其是知青经历所留下的人生感悟。

"知青"一词，对现在的年轻人来说，可能只是让他们联想到一个在特殊年代产生的一种历史现象，或者仅仅是个专有名词。但对我们这些亲历者来说，它代表的却是一段刻骨铭心的记忆，一股深入骨髓的精神，一份无可取代的财富。我在广东省陆丰县炎龙公社上陈大队（今属汕尾市管辖）插队落户生活了五年，其中的许多感受和体会，对我日后的从教生涯产生着深刻而深远的影响。后来在我当教师、主任直至校长期间形成和提出的教育思想、办学主张中，有许多就是源于那段知青生活的感悟和积累。

一个青年教师从青涩走向成熟，一个校长从"新丁"变成"行家"，离不开自己的主观努力和客观环境。主观努力方面，简单来说，就是有自己的理想追求，有必要的准备积累，能够把握住机遇，充分利用客观环境条件。我有幸从一个知青变成为一名教师，从偏远的山区学校来到一所名校任教，又从教师成长为校长，其中的主观努力自不必说，幸运的是有社会变革的时代动能，有华南师大附中的肥沃土壤，有诲人不倦的恩师栽培，才成就了我的教育人生。

这么回忆着，思考着，书稿的框架也就渐有眉目，书稿也开始敲打出来。幸好，这些事情，都是在我接任广州中学校长之前已经开始，不会因为受聘广州中学校长而影响写作进程。并且，能够把我在构想如何办好广州中学时的一些新愿望、新想法补充进去，使我的学校管理经历因为增加了"广州中学"而变得更加丰满——从省属学校到区属学校，从主政一所已经蜚声海内外的名校到建设一所努力创立品牌的新校，我都经历过了。如此教育人生，无憾矣。

全书共四章：

第一章"结缘华附，御风而翔"，记录了我从下乡当知青，到参加高考，初为人师到进入华南师大附中工作期间的人生轨迹；

第二章"潜心聚力，含英咀华"，记录了我在华南师大附中当教师到任职副校长期间，如何在吮吸校史精华、涵养科学理性和构建学校德育体系中追求自我提升的过程；

第三章"承先启后，砥砺前行"，记录了我任职华南师大附中校长之后，在继承和发扬华南师大附中办学传统中提出的办学理念，在与同事们构建现代学校管理体系和社会化大教育体系中形成的治校方略；

第四章"初心不改，荣休未休"，记录了我卸任华南师大附中和华南师范大学的职务之后，对一些问题的思考，以及成立"广东省中小学校长联合会"和出任会长期间的工作情况，及至出任广州中学校长时的心路历程和办学设想。

人的一生，说复杂，很复杂；说简单，也很简单。以上介绍几章书的寥寥数语，已经尽数勾勒出我的人生轨迹，概括了我从投身知青生活到"荣休未休"的生命历程。作为一个教育工作者，我一直工作在讲坛上、校园里，善始善终，无怨无悔，自知自足。

有书为证。

吴颖民

2021年春

目　录

行思悟道
立己达人

贰

潜心聚力，含英咀华

行思悟道
立己达人

肆

初心不改，荣休未休

壹

本章记录了我从做知青到进入华南师大附中任教期间的人生
轨迹。

人生路上，总有各种机会相随。这些机会，有时隐于无形之
中，有时现于稍纵即逝之时，有时则处于缥缈之间，就看你能否发
现和把握，是否有缘相遇。

我很幸运。在知青岁月中，我把握住这个磨炼思想意志、坚定
人生信念的机会，留下了日后从事"立德树人"事业的早期体验和
生活积累。

在面临高考时，我把握住这个稍纵即逝的机会，进入师范院校
开启了我的教育生涯。

进入华附，则让我有幸遇到恩师，奠定了我的人生走向与事业
基础。

1978年，是我人生经历中一个难忘的时间节点。是年10月，我从粤东一隅的陆丰市水东中学调入华南师院附中^①任教。由此，我结缘华附，开启了一段新的教育生涯，站在了我教育事业的新起点。

1978年，是新中国发展历程中一个重要时间节点。是年12月，中国共产党召开了十一届三中全会，在思想路线、政治路线和组织路线上进行了拨乱反正，作出了实行改革开放的新决策。由此，我国踏上了一个民族复兴的新征程。

1978年到2018年的四十年间，我国的改革开放事业风云激荡、凯歌高奏，我也在华南师大附中的平台上与时代互动，御风而翔。

四十年来，我国经济社会发生了翻天覆地的变化，中华民族重新崛起，屹立在世界民族之林，成为足以影响国际格局的一个负责任大国。

四十年来，中国教育历经了多次重大改革，从恢复高考重建人才培养链条，到实施素质教育，追求从教育大国变为教育强国。

四十年来，我也乘着社会变革的猎猎大风，在华南师大附中努力耕耘、成长、成熟，从教育界的一名新兵成为一名老兵，至退休时方无愧于"教育工作者"这一称号。

"缘"之一字，强调的是一种客观条件、客观环境。若无缘与华南师大附中为伍，也许我的教育人生就要改写，正所谓"好风凭借力，送我上青云"。

---

① 系华南师范大学附属中学前身。始于清光绪十四年（1888年）的广州格致书院，此后数度扩建、合并、更名。详见"华南师大附中沿革一览图"。

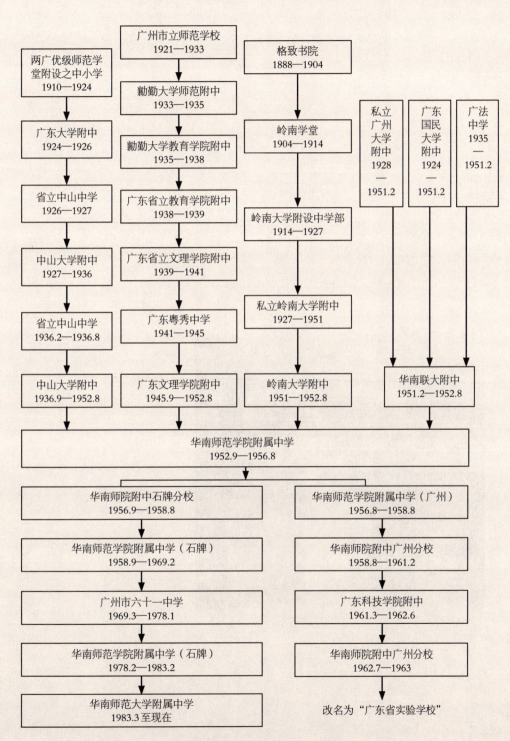

两广优级师范学堂附设之中小学
1910—1924

广州市立师范学校
1921—1933

格致书院
1888—1904

广东大学附中
1924—1926

勷勤大学师范附中
1933—1935

岭南学堂
1904—1914

私立广州大学附中
1928—1951.2

广东国民大学附中
1924—1951.2

广法中学
1935—1951.2

省立中山中学
1926—1927

勷勤大学教育学院附中
1935—1938

中山大学附中
1927—1936

广东省立教育学院附中
1938—1939

岭南大学附设中学部
1914—1927

省立中山中学
1936.2—1936.8

广东省立文理学院附中
1939—1941

私立岭南大学附中
1927—1951

中山大学附中
1936.9—1952.8

广东粤秀中学
1941—1945

广东文理学院附中
1945.9—1952.8

岭南大学附中
1951—1952.8

华南联大附中
1951.2—1952.8

华南师范学院附属中学
1952.9—1956.8

华南师院附中石牌分校
1956.9—1958.8

华南师范学院附属中学（广州）
1956.8—1958.8

华南师范学院附属中学（石牌）
1958.9—1969.2

华南师院附中广州分校
1958.8—1961.2

广州市六十一中学
1969.3—1978.1

广东科技学院附中
1961.3—1962.6

华南师范学院附属中学（石牌）
1978.2—1983.2

华南师院附中广州分校
1962.7—1963

华南师范大学附属中学
1983.3至现在

改名为"广东省实验学校"

华南师大附中沿革一览图

20世纪80年代中期于华南师范大学附属中学图书馆门口留影。

第一节　初为人师

　　人们通常将职业生涯划分为准备期、成长期和成熟期三个基本阶段。人们习惯将教师的职前准备期界定为在师范院校接受教育专业学习的时期。而我觉得，就自己的现实情况而言，职前准备期不仅仅局限于在师范学院就读时期，还包括我在进入师范学院就读前上山下乡当知青的时期。也就是说，我的教师职前准备期是从1968年下乡当知青开始，直到1976年从广东师范学院毕业。

　　为什么我要把自己的知青生涯也看作是职前准备期呢？因为，在五年的知青生活中，我所获得的许多体会和感悟，都成为我日后从事教育工作的思想基础。如果说师范教育主要在专业知识、专业技能方面为我进行了职前准备的话，那么，知青生活则更多的是在思想品格、意志毅力方面，为我的师德形成提供了思想准备，为我教育引导学生提供了许多切身体会，积累了生活的素材。

　　因此，要述说我的教育生涯，须从知青岁月说起。

一、知青岁月

我出生于1950年。这个年代出生的人，按时下坊间流行说法，被统称为"50后"。我们"50后"这一代人，与新中国一起成长，国家在各个发展时期中的政治、经济、文化、科技、生活等，都在我们的身上烙下了难以磨灭的印记。

我们生活的年代，跟父辈们的战争年代相比，已经没有了枪林弹雨、遍地硝烟，不必再担心异族屠戮、狂轰滥炸，算是幸运的了。然而，特殊的成长年代，也让我们经历了特殊的人生风雨，经受了独特的人生历练。

我们出生时，赶上了新中国成立初期，国民经济在战争的废墟上逐渐恢复。

我们少年时，赶上了社会主义建设的高潮，也因政治运动对家庭和个人命运的巨大冲击，经受了人为与自然的灾害。

我们青年时，赶上了学校停课，工厂停工，写大字报，搞批斗会……也经历了上山下乡，接受贫下中农再教育。

1968年12月22日，《人民日报》发表了毛泽东主席关于知识青年上山下乡的指示："知识青年到农村去，接受贫下中农再教育，很有必要。要说服城里干部和其他人，把自己初中、高中、大学毕业的子女送到乡下去，来一个动员。各地农村的同志应当欢迎他们去。"轰轰烈烈的知识青年上山下乡运动旋即在全国范围内迅速展开，遍及城镇的每一个角落。

我当时刚满18岁，正是一个热血青年。因为家庭背景（1957年，时任汕头市副市长的父亲被划为"右派分子"）的关系，没有资格继续升读高中，便与家里的哥哥、弟弟、姐姐共四人，一起响应号召，带着"战天斗地，改造农村"的决心下乡去了，大家被分配到不同的地方。

我来到位于广东省汕头地区管辖的陆丰县炎龙公社上陈大队插队落户，在那里度过了五年的知青生活。"知青"一词，对现在的年轻人来说，可能只是一个出现在特殊年代的专有名词，但对于我们这些亲历者来说，它代表的却是一段刻骨铭心的记忆，一股深入骨髓的精神，一种无可取代的财富。

正是这段知青生涯，让我最直接地接触到我国农村的真实面貌，所以至今仍保持着对农村基层的关注和关心，保持着一种朴实、平和的农人心态。也正是这段艰苦的生活历练，赋予我坚强的意志和毅力，让我在面对艰难困苦时能够坚定前行。

到了农村后，当我们眼中朝霞和日落在日复一日的天地循环中逐渐变得不再那么富有诗情画意，当我们在日复一日"脸朝黄土背朝天"的耕作中累得筋疲力尽，当我们这些"肩不能挑，手不能提"的城市孩子那白嫩肤色慢慢晒得跟农村伢子那般黝黑油亮，我们在一次又一次而实在不知有多少次的灵与肉的搏击中，最初的满腔热血早已慢慢冷却下来。随着皮肤在烈日的暴晒中剥落，我们也

1968年

1968年在陆丰县炎龙公社上陈大队插队落户。

在融入一种新的常态生活中逐渐蜕变。后来，有的人退却了，知青生活成为其日后的梦魇；而我们，却经历了大浪淘沙般的考验，坚持下来了，知青生活成为我们人生中一段虽有怨但绝无悔的青春记忆。

我下乡的地方，在人多地少的粤东地区来说是比较特殊的，这里除了大面积的旱地以外，还有大片围海造出来的水田。人少地多，劳动强度大，农活主要靠体力来完成，是一种典型的原始粗放型生产方式。

比如说，明天要进行水稻插秧了，头天晚上我们就需要把秧苗拔好。南方的秧田，尽管都是老农用犁耙整理出来的，通常比较平整，但还是有凹凸不平。秧田低洼处的秧苗往往不容易拔出，我们只能跪在秧田里，把秧苗几棵几棵地拔出来，再把附着在秧苗上的泥洗干净，扎成捆，以方便第二天插秧时使用。那时，我们的农活都是包干的。农民比较有经验，他们很快就完成任务回家去了，我们知青只能继续留在田里工作。为了完成任务，很多时候已是月上中天了，我们还披着一身月色继续干活，甚至要干到半夜十一二点左右才能收工回去。那时，脑海里已经没有了对月色的浪漫联想，浑身疲惫，还要不时清除水田中大量盘附在腿脚中吸血的蚂蟥。这样的生产劳动是艰苦的，我们坚持住了，不但收获了坚强的意志，还收获了诸如用烟头烫走蚂蟥的生活小技能。

如果剥离了文学作品中对知青生活那种"源于生活，高于生活"的夸张描写，除去了那些或是哀恸天地或是昭如日月的极端人与事，知青生活其实就是那么平凡简约——天天下田、吃饭、睡觉，天天柴米油盐酱醋。平凡的日子，留下的也都是一些平凡的记忆。

那时，日常生活的燃料主要是稻草，而稻草是低热值的燃料，根本满足不了我们一年四季做饭、烧水、煮饲料喂猪的需要，到了冬天，就需要自己解决燃料的问题。为补充燃料，我们要走约三个小时的路程去山里采集柴火。往往是天还没亮就出发，大约八九点钟到达。到了，先收割那种很长的蕨草，割好后一块一块铺开晾晒，吃过午饭后再把蕨草绑成一大捆，每人挑上两捆便打道回府。起初，我们缺乏经验，也有些眼高手低，每人都挑上几十斤重的两大捆。刚开始走的时候还觉得轻松，走到半路就觉得沉重痛苦。可是已经挑了一半路程了，扔掉一些又实在不甘。每次，都要经历痛苦与不甘的纠结。有时候捆得不好，又不擅长走山路，经常挑到半路上散掉了，又要重新再捆一遍。每个冬天，我们都机械地重复着这项运动。那时的生活就是如此，哪怕是一把柴火，也来之不易。

蕨类科目的草燃烧起来烟比较大，做燃料不是很好，更要命的是后来有草割的山离我们驻地越来越远，大家决定凑钱去买木柴。买木柴要走更远的路，往往有二三十里的路程，因为只有深山老林才能买到便宜的木柴。出发时大家拖着空的板车，轻松自如，有说有笑，回程就要推着装满木柴的板车一步一步地往回赶。我们当中一人在前面将绳子挂在肩背上拉车，两人在后面推车，其他人在侧面扶着。那时候的路都是沙土路，上坡费劲、下坡危险，下长坡车子难以把控，搞不好就会翻车。

有一次，我在前面拉车，下坡时坡度太大，后面的人相继滑倒，板车失控快速往下冲，我的步伐已经赶不上车速，人已悬空，眼看就要撞上村口正在压榨甘蔗的石磨。情急之中，我甩开肩带往旁边一跳，只听到"轰"的一声巨响，板车径直撞在了那个石磨上，被撞得散了架，数百斤木柴散落一地。

看着眼前的情景，我惊魂未定，其他知青则目瞪口呆。如果不是及时跳脱出来，可能就有生命危险了。至今想起，仍心有余悸。与死神擦肩而过的危险，并非一定是在枪林弹雨、狂风骇浪中发生，也常常隐藏在日常生活里。这次经历于我而言，是一种比在校园里、课堂上深刻得多的生命教育。日后，无论是在生活中还是在工作上，我都有着评估风险、规避风险的自觉意识。这种意识，也许就是在这些经历中潜移默化生成的。

夏天，当地农民通常赤裸上身，下身穿一条短裤，腰间常常扎着一块薄薄的大毛巾，人们称之为"水布"。水布有时扎在腰间，有时盘在头上。与农民接触下来，我们才发现这块水布的诸多功能。那时候布料是按人头限量供应的，没有更多的布料做衣服，农民下田劳动时腰间就扎上一块水布，既当衣料装饰，又可用以擦汗；太阳暴晒时，则可盘在头上用来遮阳。

我们发现，农民在面对艰难困苦和物资匮乏时所表现出来的聪明才智太令人赞叹了。哪怕是在腌制咸菜时削落的那些零碎菜叶，

一 壹

结缘华附、御风而翔

一

011

当地农民也能用来制作出美味榄菜。诸如此类，他们世代传承，延绵发扬，孕育出一方水土的农耕文明。

我也试着像农民一样扎上水布，试着像农民一样在艰苦劳动、艰难生活中保持一种平和乐观的心态。我从农民日复一日地从事着"脸朝黄土背朝天"的耕作中逐渐悟出：一种生活常态，不会因为你是哭还是笑，是苦抑或是乐而改变。在面对客观现实时，你的情绪态度全取决于你的主观感知。客观是不可轻易改变的，能改变的，是人的主观意识。

当人们在怨恨着世道不公而责问为什么要我们来承受这痛苦的知青生活时，我在想，对这些贫困农村的农民来说，眼瞅着安逸的城市生活过不上，难道他们就没有对世道不公的抱怨吗？但怨归怨，羡归羡，他们该干吗还干吗，随遇而安。农民这种朴素的生活态度，对我们这群知青产生着"随风潜入夜，润物细无声"的影响。

我们在同一个生产大队的知青一共有近80人，年龄相仿，都是"老三届"的高中或初中学生。来到农村，大家很快就融入到当地生活中。除了参加各项农活之外，我们还利用自己掌握的知识和特长为村民服务。

那时候村里没有电视机，为了丰富农村生活，让村民了解更多外面的世界，我们办起了"屋顶广播"。每天下午五点，几个知青便到村里最高的一栋房子顶上，通过话筒给全村读报纸。我们在村里出黑板报，做宣传栏，成立农民夜校，通过各种渠道向村民普及

作者和知青朋友们经历了考验，有一段虽有怨却无悔的青春记忆。

科学知识。

知青中很多人多才多艺，能演奏二胡、吉他、笛子、口琴等乐器，或有一定舞蹈功底。我们成立了"知青文工团"，不定期地到各个生产队甚至到其他大队进行演出，还教小孩子唱歌、跳舞、演话剧，等等。

我们大队的知青中很多人是从农业经济比较发达的汕头地区来到相对落后的海陆丰地区插队的。汕头的平原地区有悠久的农耕传统，有许多优良的蔬菜品种，有精耕细作的丰富经验。知青们将自己父辈们的这些好东西好方法移植到当地农村，其中一些已经读完高中的知青，也利用自己学到的养殖、栽培知识开展一些科学种养、改良品种的尝试。有的知青父母是做医生的，每次回城都会给村里带回来一些医药用品，并用自己仅有的一些医疗知识为村民服务。

为此，我所在的知青集体户当年还被评为全县的"优秀知青点"。

农村的生活艰苦而漫长。尤其到了晚上，坐在被漆黑田野包围着的宿舍中，实在找不到可以打发时间的事情，知青们便互相串门，聚在一起听听收音机，探讨一些时事政治、国家走向的话题。

我们大队的知青文化程度还不低，"文革"前读高中的人占多数，我的文化程度相对是偏低的，才读完初中。在他们的感染下，我的学习热情也被慢慢激发出来。我把哥哥的高中课本都搬到了宿舍，晚上常常就着一盏煤油灯，自己去"啃"高中的数学、物理、化学、生物，做大量的练习和笔记，碰到不懂的地方便向身边已经完成高中学业的知青请教。在五年的知青生活中，我通过自修基本读完了高中的各科课本（外语除外）。

没想到，这段知青生涯中的许多感受和体会，会对我日后的从教生涯产生那么深刻和深远的影响。我提出的教育思想、办学主张中，有许多竟是来源于知青生活的感悟和积累。令我更没想到的是，好不容易在煤油灯下"啃完"的高中知识，竟在历史提供的机遇中对我的人生轨迹产生了重大的影响。

当我正如许多同龄人一样在已经常态化的知青生活中虔诚地接受着再教育的时候，国家一项重大的教育决策改变了我的人生轨迹。

二、参加高考

从1966年"文化大革命"开始，我国大学便停止招生。在恢复高考前的1970年到1977年，我国的人才培养工作以一种特殊的方式进行着，出现了一种特殊的历史现象——工农兵学员。

面对我国近代教育史上特有的大学招生现象时，让人不禁唏嘘。作为这种招生办法直接关联的当事者，我只感到命运似乎跟自己开了个大玩笑，让我经历了一段从充满希望到失望无奈、在无望之中又突然重燃希望这样一种类似乘坐过山车般的心路历程。

　　1966年，正当我踌躇满志暗下决心，要在初中毕业之后考取一所好高中以便将来进入大学深造的时候，"文化大革命"的到来，让我的希望破灭了。由于我的父亲和大哥是"摘帽右派"，二哥是"走资派"，1968年中小学开始复课的时候，我失去了上高中的资格，只好作为"可以教育好的子女"收拾行囊到农村插队落户。那年，我们年龄相近的兄弟姐妹四人，先后都下了乡，父亲到"五七干校"接受劳动改造，母亲单位迁离汕头，家中空无一人。

　　1970年，听说可以在工农兵当中选拔推荐上大学，我以为有希望了，但又得知需要通过政审，我自知家庭背景肯定无法通过政审，大学梦又破碎了。虽然希望一次次被现实粉碎，但我坚信，读书深造，无论对一个人或是一个家庭来说，都是一种美好的希望。让更多的人能够读上大学，也必定是一个民族和国家的发展目标。当时，大学从停止招生到招收推荐生，就是一种进步，我相信，日后的大学招生政策一定会越来越宽松，一定能够让越来越多的人读上大学。只要有梦想，不放弃，明天就可能会更好。

　　正是抱着这种信念，在煤油灯的陪伴下我自学高中课本，为将来能够到大学深造打好文化基础，做好必要准备。

　　1973年，国务院批准施行的《关于高等学校一九七三年招生工作的意见》，在招生办法中增加了"文化考查"的内容，重新恢复了"考试入学"的高考招生制度。听到这个消息之后，我兴奋极了，下决心一定要把握好这次难得的考试机会以圆我的大学梦！

1973年，上大学前在陆丰县炎龙公社上陈大队集体户小院子前拍照留念。

正所谓机遇是为有准备的人提供的。我参加全县的摸底筛选考试，成绩不错，获得参加全地区统考的资格，最后，我以优异成绩（据说全县前列）考上了广东师范学院（今华南师范大学，后文简称"华南师大"）。在专业选择方面，因为家庭的影响和少年时代的经历，我对政治一直有浓厚的兴趣，第一志愿是希望能够入读政治系。但还是因为家庭原因，我与政治专业失之交臂，被调剂到了化学专业。

希望曾经一次次被粉碎，当梦想成真时，那种激动难以言表！在大学里，我倍加珍惜这难得的学习机会，就像"久旱禾苗逢甘霖"一样，我夜以继日、如饥似渴地在课堂上、实验室里汲取知识，充实自我，周末也常常在图书馆度过，为日后成为一名称职的人民教师做好准备。

三、初为人师

1976年，我从广东师范学院化学系毕业，被分配到陆丰县教育局，又回到了原来上山下乡的地方。工作第一年，当时正在搞路线教育，所有大学生都要参加，我被分配到东桥公社竹坑大队担任工作组长。第二年，也就是1977年夏季，参加路线教育的任务结束后，公社党委书记有意留我在公社党委工作。我认为自己是师范专业毕业的，当公社干部等于放弃专业，还是当教师比较合适，我婉拒了公社书记的盛情。之后，被分配到陆丰县北部（今属陆河县）

一个偏远的山区中学（原名"水东中学"，现名"水唇中学"）做化学教师。

许多年之后，在跟一些朋友谈到当年我没有选择留在公社党委当干部而是选择去当一名教师时，有人不解地问道：为什么？好好的公社干部不去当，为什么要去当教师？我没有解释，只是一笑置之。人各有志，我们家里，有人从政，有人经商，也有人教书。现在再多出一个教书匠，又有何不可？

对于被分配到偏远的山区学校去任教，当时我并不介意，二话不说，拿起行李就走。当年，我们就是高亢地唱着"革命的青年有远大的理想！革命的青年志在四方！到农村去，到边疆去，到祖国最需要的地方去！让生命发出更大的热和光，更大的热和光"这首歌，从城市来到农村插队落户的。何况，现在我的生活状况已经从知青变成教师了。那么艰苦的劳动生活都经历过了，还在乎地方偏远不偏远？

我记得当年还有一首全国人民都耳熟能详、张口便能哼唱的流行歌曲："毛主席的战士最听党的话，哪里需要到哪里去，哪里艰苦哪安家。祖国要我守边卡，扛起枪杆我就走，打起背包就出发。"在这种社会主流价值观的熏陶下，我没有半点犹豫，愉快地来到山区，走进学校，走上了讲坛。

水东中学所在地是一个革命老区，地理位置偏远，民风却很淳朴。学校是一所高中，那时只有高一、高二两个年级，每个年级三个班，全校的化学课由我一个人担任，因为学校原来没有科班出身的化学教师。

在我入校任教之前，学校的化学课很多年都没有正规开设过，都是找人临时代课，化学实验室也已经关闭多年，里面的所有物品都布满灰尘。我到学校后，将其中的化学仪器、药品一件一件整理出来，即便如此，学校也没有足够的条件让学生在实验室做分组实验。我请学校帮我做了两个木质的长方形提篮，凡是有实验，每次上课我都拎着实验仪器和药品到教室去给学生做演示实验。

水东中学已经多年没有正规大学生分配到校了，作为这所学校多年少见的、县里分配来的师范大学毕业生，我受到学校领导的重视和其他教师的欢迎，除了担任化学课的教学工作之外，还兼任学校的团总支书记，全面负责学生工作。

作为一所偏远学校的团总支书记，我没有条件得到更多的帮助和支持，只能凭着自己朴素的政治热情和在大学期间当团干部的经验摸索如何做好学生德育工作。

学校虽然偏远，但20世纪70年代后期我国发生的许多大事，如伟人逝世，粉碎"四人帮"等，仍然在水东中学的师生中产生着巨大影响。师生们在谈到国家未来的前途和命运时，也透露出许多迷茫和担心。

我与学生一起学习中央文件，讨论《人民日报》的社论，引导学生关心国家的变化，激发学生的社会责任感；我以自己追求实现大学梦的切身体会，对学生进行理想信念教育，激发他们的学习热情、生活激情；我以自己知青的经历，对学生进行艰苦奋斗教育，鼓励学生学会在艰苦的环境中磨炼自己。

1977年，全国恢复高考。学生们看到了升学希望，学习的热情高涨起来。我经常在学校组织学习交流会、学习方法讲座等活动，努力帮助学生提高成绩。

也许因为与学生之间年龄差距不大，也许我有知青的经历，也许与学生有着共同的青春激情，我与学生之间有着更多的共同话题而少了许多思想距离。尽管那时候我只是一个初上讲坛的年轻教师，却深受学生欢迎，以至许多年过去了，当年在水东中学所教的那些学生，至今仍与我保持着密切联系。记得1978年底我调离水东中学时，学生们给我的留言就有"希望若干年之后，老师在报纸上有名、电台广播里有声、电视里有影"。这些朴实的祝福和期待，一直成为激励我奋发向上的动力。

当年在水东中学初为人师的经历，给我留下了许多美好的回忆。那时，不想留在机关，只愿意当一名人民教师；不问条件如何，却愿意到偏远的地方去工作。那时，虽然稚嫩，但充满激情；虽然粗糙，但可见初心。那时，虽然学校地处偏远，但也能展现出时代的风采。

水东中学，是我教育生涯的起点，它奠定了我教育人生的底色——对学生，充满爱心；对工作，充满热情；有条件，充分利用；没条件，主动创造；有挑战，坦然面对；有委屈，从容看淡。我日后的人生走向，我后来在华南师大附中的教育生涯，都可以从当年在水东中学初为人师的经历中寻觅出丝丝脉络……

当年，我没有选择留在公社党委步入政坛，到退休时，我仍然是一名从教坛上走下来的教育工作者。

当年，作为学校唯一的化学教师，我独力探索着中学化学的课堂教学问题；在华南师大附中当校长时，我积极地探索着现代社会的人才培养目标、现代学校的办学方略。

当年，我与地处偏远的水东中学的学生们一起谈理想，谈信念；后来，我与华南师大附中的学生们一起谈立志成才，探索开放城市中学生的社会理想教育。

当年，我以知青的亲身经历对水东中学的学生进行艰苦奋斗教育；后来，我与华南师大附中的学生一起到农村与农民"三同"（同吃、同住、同劳动），参加秋收劳动，体验社会底层生活。

当年，我鼓励水东中学的学生们把握住恢复高考的机遇，用知识改变自己的命运；后来，我在华南师大附中提出"以完整的现代教育塑造高素质的现代人"，培养学生胸怀祖国、放眼世界，练就参与国际竞争的全面素质与独特能力。

……

我在水东中学为人师的时间只有短短一年多一点，但它对我教育生涯的影响，可能产生了十倍以上的溢出效应。

第二节　结缘华附

对于"缘"这个字，有人将其解释为某种关系中必然存在相遇的机会和可能。本来，我与华南师大附中之间，无论是自己的工作关系还是家庭的社会关系，都毫无关联，不存在相遇的可能。然而，某些历史因素却为我提供了相遇的机会和可能，让我成为华南师大附中大家庭中的一分子。

一、再遇机缘

在广东师范学院（后文简称"广东师院"，1977年复名为"华南师范学院"，1982年更名为"华南师范大学"）化学系就读期间，我认识了班上一位女同学。我来自粤东地区，她来自粤西地区。一段学缘，竟把粤东、粤西连在了一块。大学毕业之后，我回到粤东从教，她留在广州教学。但是，空间距离并没有隔断我们之间的联系。然后，一段异地情缘出现了；后来，我们结婚了。婚后，我们俩一个在陆丰县，一个在广州市，继续过着两地分居的生活。

那个年代，夫妻分居两地工作生活，是一种常见的社会现象。开始，小两口还觉得有点浪漫，距离产生美嘛。而且，觉得自己以事业为重而不以夫妻分离为憾，还颇为自己的精神境界感到自豪。但是，当我知道妻子怀孕之后，生活的压力便逐渐显现。面对现实，我萌生了一丝私念：如果能调到一起生活，那该多好呀！真希望调回广州，与家人团聚。

正当我们囿于个人的家庭状况之时，国家却面临着一个重大的历史转折点。粉碎"四人帮"、结束"文化大革命"之后，人们骤然发现，我们国家不但在经济建设方面严重落后，而且在教育、科技等方面，也已经被世界发达国家远远地拉开了大段距离。

当年，邓小平同志在一次座谈会上指出"同发达国家相比，我们的科学技术和教育整整落后二十年。科技人员美国有一百二十万人，苏联有九十万人，我们只有二十万人，还包括老弱病残""我们要实现现代化，关键是科学技术要能上去。发展科学技术，不抓教育不行。靠空讲不能实现现代化，必须有知识，有人才""一定要在党内造成一种空气：尊重知识，尊重人才""要经过严格考试，把最优秀的人才集中到重点中学和大学"。

于是，1977年，我国重新恢复了高考招生制度，重建人才培养链条。在1978年初召开的全国科学大会上，党中央向全国人民发出"向科学进军"的号令，被压抑了十年之久的科学力量，奔涌而出。记得当年无论是老知识分子还是中青年知识分子都奔走相告："科学的春天来啦！"

科技发展需要人才，人才培养需要教育。当恢复了高考制度，社会向学校提出了"多出人才，快出人才"的迫切要求时，全国的学校，从中小学到大学，都不得不面临着一个严峻局面——教师队伍严重不足。此时，人们更感到十年"文革"对社会伤害得如此之重、如此之深。

十年前的那支教师队伍，如今是那样残缺不堪。一部分已经含冤而逝，一部分还在接受"改造"，还有一部分"跳槽"到更"吃香"的行业。能够继续站立在讲坛上的那批教师也已届中年，还有一些令人尊敬的老弱病者，他们仍然珍惜自己的教育工作岗位，一旦能够复出上课，便尽力燃烧起自己那残剩的生命之火。

为了缓解燃眉之急，高校除了拉起大旗广招已经散落社会的旧部之外，还千方百计从基础教育的教师队伍中抽调一部分专业素质过硬、教学经验丰富的优秀教师。

当时，我在偏远的水东中学任教，并不知道全国教育行业面临的这种大局面，后来听说广东师院化学系要招收几个年轻的优秀毕业生到系里新成立的研究所给教授当助手。尤其令我振奋的是，听说当年教过我的老师，很希望我和另外一位在新疆工作的同学能够回去做他的助手，同时读研究生。

1973年的高考招生，为我提供了一个历史机遇，我把握住了，圆了自己的"大学梦",改变了我的人生轨迹。现在,又一个历史机遇来临了,我能否把握得住,重回大学校园,再实现我攻读硕士的梦想?

我向组织提出了调入广东师院化学系工作的申请。几经周折,我的申请终于得到批准,开始办理调动手续。

就在调动的节骨眼上,事情出现了变化。原来整体管理广东教育的广东省教育局拆分成了两个单位——专门负责管理广东高校的广东省高教局和专门负责管理广东普教系统的广东省教育厅。新成立的广东省教育厅认为大学已经从普教系统中抽调了太多骨干教师,这已经影响了普教系统的师资力量,所以明确反对继续从普教系统中抽调教师去高校任教。

我的工作调动必须通过广东省教育厅的批准。于是,调往广东师院化学系的路子被堵死了。由于调动手续已经启动,广东省教育厅最后不同意我调入大学,只同意我调入属于普教系统的师院附中。

那时,师院附中刚刚恢复为省重点中学,20世纪50年代初期便参与创建师院附中的王屏山校长(后曾任广东省副省长)又重新回到师院附中担任校长。当大学人事部门向他推荐我之后,王屏山校长便让学校的人事干部去了解我在大学期间的表现,认为我的条件符合需要,同意接收,人事部门便将我的档案转到了师院附中。

在师院读书的时候,我就知道大学旁边有所中学,那时名为"广州市第六十一中学"(简称"六十一中")。由于时值"文革"

期间，我们也不了解六十一中的前身——华南师院附中在"文革"前的办学业绩，对于我这个从潮汕地区出来的知青来说，只是觉得这里的办学条件比家乡的学校好多了，毕业后如果能够留在这所学校任教也不错。但这只是一种奢望，因为我们毕业时实行的是一种"从哪里来回哪里去"的分配政策。如今，我真的能够到这所学校任教了。难道我与师院附中确实有缘？

"缘"这个字真是太奇妙了。我原来工作在粤东山区，师院附中坐落在大都市广州，二者相隔数百里，彼此之间本来无缘。然而，当年教育形势的发展，却为我与师院附中结缘提供了机会和可能。看来，有缘无缘，取决于客观大势。

然而细想之下，又觉得不尽如此。如果没有我当年在大学读书时给老师留下的深刻印象，老师又怎么会想起要把我调到化学系呢？如果没有往化学系的调动，我又怎么会被介绍到师院附中呢？

以此观之，"缘"之有无，客观大势只是提供了机会和可能，起决定作用的，仍然是主观因素。

二、一往情深

当时，对调入师院附中工作，我并没有太特别的感觉，反而觉得有点沮丧。因为，我本来是要调进大学工作的，现在却被调配到一所中学去，难免有一种失落感。感到安慰的是，我们一家人终于在广州团圆了。无论是在大学还是在中学工作，最重要的是，一家人再不用过两地分居的日子了。

工作和生活逐渐安顿下来后，随着对附中的了解越来越深入，我对学校的感情则越来越深厚。从1978年我28岁时调入任教，到2013年我63岁时卸任校长，2014年退休，36年来我一直在附中工作，正可谓从一而终。如果说到我与学校之间的感情，用"一往情深""情系终身"来说也并不为过。

当年，看到附中源远流长的办学历史，独特深厚的校园文化积淀，令我为自己找到了一片耕耘的肥沃土壤而感到庆幸。

附中拥有一百多年的发展历史，其前身可以追溯至1888年在广州创办的格致书院。1904年，格致书院更名为"岭南学堂"，不仅开设中学课程，还有专上课程；1918年，易名为"岭南大学"后，附设有中学部，简称为"岭南大学附中"。1952年，岭南大学附中与中山大学附中、广东文理学院附中、华南联大附中合并为"华南师范学院附属中学"，简称"华南师院附中"；1983年，华南师范学院更名为"华南师范大学"，学校又改称为"华南师范大学附属中学"，简称"华南师大附中"。

学校历经时代变迁，积淀了丰厚的文化根基，形成了优良的办学传统。创办之初，便为一所新型学校，以引进西方教育理念、重视科学教育而开时代风气之先。及至新文化运动、大革命时期、抗日战争、解放战争，师生们皆以民族前途、国家命运为己任，涌现出许多可歌可泣的优秀人物，昭示着后人为国家和民族奋发图强。

作者（前排右二）与1980届高二4班团支部成员合影，前排左四是时任校长王屏山。

新中国成立后，华南师大附中又为社会培养出一大批各行各业的领军人物和社会精英，仅中国科学院院士和中国工程院院士就有近十人。

在这样一所百年老校工作，接受这样一种醇厚的校园文化熏陶，我相信，自己一定能够有所长进。

当年，看到华南师大附中的教师队伍中卧虎藏龙，各个学科都有又红又专的学科带头人，我为自己置身于这样一支教师队伍中而感到庆幸。

华南师大附中的教师队伍，在1952年四校合并时就已经集结了一批从事中学教育的精英教师。无论是在华南师院还是在华南师大时期，大学每年都为附中选拔一批各个学科的优秀毕业生留校任教。作为一所省属学校，还可以通过上级主管部门在全省范围内选拔一些优秀教师充实到学校的教师队伍中。

当我慢慢了解到各个学科的一些教师在学界中的"江湖地位"时，不禁咋舌，这也太牛了吧！如果在我以前任教的水东中学是不可想象的，他们不知能获得怎样的一种尊敬。

记得当年听语文学科的年轻教师相传，说是要去查《康熙字典》，只要你说出那个字或词，图书馆的那位老职员就能告诉你在字典中的哪一页可以查到。

醇厚的校园文化熏陶着这支教师队伍，这支教师队伍又传承发扬、光大创新着学校文化，在这个微型社会中，人与文化的互动便构建出华南师大附中一种独特的校园氛围。

下午和傍晚，课室走廊、操场校道，总能看到师生谈心的身影。

晚修时，教师们不管是否轮到值日，都会自觉到班里指导学生。

夜深了，教师宿舍的窗户里仍然泛出片片灯光。

在带领学生学工、学农、学军的活动中，教师们就是学生的表率。

……

在这样一个教师群体中，能与高人为伍，我相信，自己也一定能够收获智慧，增长才干，快速成长。

后来，随着时间的不断推移，工作的不断深入，经验的不断积累和职务的不断变化，我又看到，华南师大附中在不同的历史时期都继承着一种敢为人先、锐意改革、自觉创新的办学传统，我为自己找到了一个能够展示智慧、发挥才干的广阔平台而感到庆幸。

格致书院创办之初，便以引进西方教育理念、按学科组织教学、重视科学教育而开时代风气之先。

新民主主义革命时期，华附师生校友们皆以民族前途、国家命运为己任，走在反帝反封建、反侵略反内战，改变落后社会制度的时代前列。

20世纪50年代后期，四校合一后的华南师范学院附中，坚持"课内打基础，课外出人才"的指导思想，创造了现今流行的"减负""课改""个性化教学"等成功的教育教学改革经验。1960年，学校被评为全国文教战线的红旗单位，时任校长王屏山同志出席了在北京召开的全国文教战线群英会。

20世纪70年代后期，学校数学科以引进项武义教材为先导开展了系列教学改革，语文科以自编教材、加大阅读量为先导开展了系列教学改革，英语科引进师大外语系教授并参考《新概念英语》开展了初一到高三年级的周期性教学改革实验。

20世纪80年代中期，学校开展了行政班与教学班并存、按程度分层次教学的学科教学改革实验，在数学、物理、英语三个学科率先开展分层教学，开设了选修课培养学生个性特长，进行了让学生跳级发展的差异化培养模式实验。

20世纪90年代，学校以邓小平的"三个面向"为指引，提出了"以完整的现代教育塑造高素质的现代人"的办学宗旨和"以人为本、持续发展"的办学理念，形成了以"立志成才"为主题的德育模式、以"个别化、个性化"为特色的教学模式、以"科学民主"为标志的行政管理模式和以"优质高效"为目标的后勤服务模式等学校各个工作系统的治校方略。

至今，学校仍然坚持自己的办学传统，在农忙时节组织学生到农村与农民同吃同住同劳动，开展为期一周的融国情教育、社会调查、课题研究、扶贫助困、劳动锻炼于一体的社会实践活动。

学校在不同历史时期的敢为人先、锐意改革、大胆创新的举措，有些是我在学习校史材料时了解到的，有些是我在学科交流时得知的，有些则是我在担任团委书记、教导处副主任职务时参与的，有些是我在担任副校长、校长职务时组织开展的。

华南师大附中悠久的办学历史、醇厚的校园文化、优质的教师队伍、优良的办学传统，为我提供了一个安身立命的工作场所，提供了一个汲取智慧、展示才干的工作平台。我也在教师、中层干部、学校领导者的角色变化中一次次实现自我蜕变，且行且思，成熟成长。

专心在华南师大附中工作了三十六年，在这"从一而终"当中表现出来的是"一往情深"。华南师大附中培养了我，造就了我，我也以自己的微薄之力，竭尽所能推动学校向前发展。

三、难忘恩师

回首在华南师大附中工作的三十六年，往事历历在目。其中令我最难以忘怀的，便是王屏山老校长。

1952年，在四校合并为华南师院附中时，王屏山便担任学校副校长；1956年8月至1958年8月，他担任学校党总支书记；1958年9月至1968年2月，他一直担任校长。在王屏山担任校长期间，华南师院附中因为成功的教育教学改革经验，于1960年被评为全国文教战线的红旗单位，王校长出席了在北京召开的全国文教战线"群英会"。据此，王屏山校长在教育部得到了一个"中学王"的昵

壹

结缘华附，御风而翔

033

称，意味着王校长在中学的办学理念受到了业界的承认和尊重。

1966年中期开始，作为新中国成立前投身地下工作的老革命，王屏山校长不能幸免于那场全国性的灾难。他被关进"牛棚"，受到残酷批斗。一次在学校工厂参加劳动时，不慎掉进了装满硫酸的电镀池，导致双腿下肢严重烧伤。

1978年，华师附中被广东省教育厅重新评定为省重点中学。8月，已经担任广州师院筹备组负责人的王屏山校长被调回附中主持工作；其后，他被任命为华南师院副院长兼附中校长；1980年底，他被任命为华南师院党委书记；1983年初，他被任命为广东省人民政府副省长，主管教育、体育等方面的工作。

我能进入师院附中工作，确是得到了王屏山校长的慧眼相识。就我个人而言，称王校长为我的伯乐，他当之无愧，而我却有妄为"千里马"之嫌。其实，对于那时被调进华南师大附中的教师来说，王屏山校长就是一个当之无愧的伯乐。

尤其是在原来的六十一中，有近百名血气方刚的青年教师，是在那个特殊年代仅接受了一年师范学校的速成培训便被补充到教师队伍，人们将其称为"一师人"。当时，广州市那些同时被广东省教育厅定为省重点中学的学校中，几乎全部"一师人"因为资格和资历问题而面对被调离学校的境况。王屏山校长独具胆识，没有将"一师人"扫地出门，而是分期分批将他们送进华师进修，学成归来，根据个人意愿自行决定去留。

正是这一举措，令华南师大附中在其后的二三十年里有幸避免了教师队伍青黄不接的问题，这也是附中在广州市的中学中始终领跑在前的原因之一。留在学校的"一师人"中，就有年方30岁出头的青年教师担任高三年级的年级组长，承担起高考领军人的责任。试想一下，如果没有王屏山校长这位伯乐慧眼相识，哪来那一大批中青年教师崭露头角、脱颖而出？

个人的成长过程中，我视王屏山校长为恩师。因为，在我初进学校时，是他的循循善诱指点我为日后的职业生涯做出正确选择；与王校长在附中共事的几年里，得到了他许多耳提面命、悉心教导的机会；在我担任副校长乃至校长职务之后，对华南师大附中的未来发展，老校长一直关注，在关键时刻总给我指点迷津。王屏山校长，是我生命中的贵人，更是我教育生涯中的引路人。

记得在1978年10月，我来到华南师院附中报到。尽管我已身在附中任教，但师院化学系还在继续做工作，努力想把我再次调入师院，也动员我报考研究生。那时，我自认为中学教育发展空间不大，见有同学考入了化学系的研究生，也想报名考研，希望从事科研工作，在专业上有所建树。

我是王屏山校长重回附中主持工作后调入的第一批教师，而且是青年教师。当王校长发现我思想不稳定时，便多次找我谈话，一再给我做思想工作，希望我留在附中任教。

针对我认为中学教育发展空间不大的想法，他语重心长地指出，不要小看中学教育，中学教育是一个巨大的宝库，穷尽一生也挖掘不尽，其中蕴含着许多高深的学问。比如中学生的成长规律、中学生的品德教育、学生干部乃至青年马克思主义者培养、各阶段的学科教学、学生个性特长的培养、课堂评价、学校管理，等等，还有教师成长和队伍建设，学校风格特色打造，每一个领域都有大学问，都值得深入研究。王校长的话，在我心中激起阵阵波澜，也让我羞愧难当，我过去对中学教育的理解，实在太浅薄了！

他又以我国的段力佩、苏联的苏霍姆林斯基为例，指出这些中外教育家，都是以中学为自己的研究基地，在中学教育这片沃土上潜心耕耘，办出好学校，形成自己的研究成果，从而为世人所知晓，成为著名的教育家。他还经常告诫我们青年教师：不要小看中学教师，如果能够静下心来研究教材、研究教学、研究学生、研究科技教育、研究班级管理、研究特长培养，其中的发展空间大着呢！不要认为只有到大学才有出息，在中学也同样能很有出息，照样有很广阔的发展空间。

这是我踏入华南师大附中接受的第一堂深刻的专业教育课，也可以说是校长亲自为我们青年教师上的一堂中学教育启蒙课。它打开了我在水东中学工作时从来没有看到的天地，让我看到了中学教育的研究价值，促使我在到大学读研深造还是在中学进行实践研究之间做出了选择。当初，我更强烈的念头是把调进附中作为跳板，视为权宜之计，最终，我放弃了到大学读研的想法，坚持工作在华南师大附中的岗位上，直到退休。正是王屏山校长这位引路人，让我走上了在中学教育实践中做研究的路子。

为了让我对基础教育的价值及其对人生的深远影响有更深入的了解，王屏山校长在一次次的交谈中，提出了他对基础教育的深刻理解。他提到，心理学中"发展关键期"的理论指出，人的发展存在一个最佳的年龄阶段，如果我们能够在人的生命发展的最佳年龄阶段适时实施相应教育，将会取得事半功倍的效果。中学阶段，是一个人身心发育最为迅速的阶段，人生观、世界观和价值观都处在逐渐定型的状态，更容易通过教育来施加影响，所以中学教育往往能够在学生身上留下深深的烙印。这个阶段是学生打开眼界、拓展思维的关键时期，培养学生具备认识世界的基本能力，培养学生的兴趣爱好，发展学生的个性特长，尤为重要。

为了加深我的理解，王校长还引用了历史上许多大师都在青少年时期就把学习与创造结合起来的故事。牛顿许多重要的发明和贡献，都是在25岁之前做出的，例如发明了微积分方法，发现了万有引力，以及在光学上做出的重大贡献等；"数学王子"高斯，19岁时就解决了圆的17等分的问题；巴金、曹禺等在他们青年时代分别写出了《家》《春》《秋》《日出》等代表作。以史为鉴，我们更要重视对青少年的教育培养，使其创造基因得到更好的发展，使其创新意识得到更好的强化。

这种耳提面命式的教育引导，奠定了我在华南师大附中研究基础教育的基础。"要做教育家，不要满足于做教书匠。"王校长这句话在我心里已成为座右铭，不断督促我、激励我朝着这个方向奋力奔跑。

一年之后，1979年夏天，我被任命为校团委书记；1980年夏天，我又被任命为学校教导处副主任，协助主管校长负责学生工作。重点学校的团委书记、教导主任，是学校的中层领导干部，按照惯例，其培养对象应该是具有丰富经验的优秀教师或优秀班主任。但我在附中工作的时间如此之短，就被学校做出这样的任命，可以说是破格提拔了，难免会引来一些议论。

此时，我的儿子也出生了。教学工作、团委工作同时压在肩上，还要照顾妻儿，我累得晕头转向，身心俱疲。就在这个时候，王屏山校长又及时地来开导我。

他说：别人的议论你左右不了，关键要做好自己。只有把工作做好了，就能得到大家的认可和尊重。王校长的理解和点拨，激起了我的勇气和力量，我暗下决心，一定不能辜负校长和学校的信任，努力把工作做好，做出成绩。

团委书记的工作，我在水东中学的时候也做过，基本上还不生疏。但在一所全省瞩目的重点中学里，团委工作应该如何开展？学生的思想道德教育如何做？附中团委工作有什么好传统？新形势下如何做出成绩、做出特色？面对这些新问题，我还是感到有点心虚，不踏实。

这时候，又是王屏山校长为我指明了方向。王校长一贯认为，学生是教育的对象，又是教育的主体，是学校的主人；学校教育要相信学生，依靠学生。教师不要摆出居高临下的架势，拉开与学生的距离只会让教育事倍功半。1978年底，召开了党的十一届三中全会，决定把工作重点转移到经济建设上来，推动改革开放。尽管中央做了决定，教师和学生中还是有不少疑虑和困惑，比如开放之后资本主义的腐朽风气进来，会不会冲击艰苦朴素、艰苦奋斗的教育？青年学生尚未定型的人生观、世界观会不会产生混乱？等等。王校长指示，要迅速把学生会组织恢复起来，让学生自己教育自己，自己管理自己。有不同想法、不同看法不奇怪，也不要紧，可以开展讨论嘛！真理越辩越明。在他的指导下，附中隆重召开了学生代表大会。王校长亲自作报告，讲改革开放的意义，讲学校教育改革的设想，讲理想信念对学生成长的重要性，讲学生应该怎样生动、活泼、主动地学习，应该怎样做学校的主人。他的报告，给学生注入了兴奋剂。学生会组建起来之后，在学校生活中影响越来越大。学生社团、学科兴趣小组等如雨后春笋般涌现。附中学生活跃的课余生活和学生参与学校管理的成效，受到团省委的高度评价，还被团中央评为全国"活跃的中学生活"先进单位。

大概是在1980年上半年，王校长找我谈话，谈到了附中校友为民族存亡、国家振兴英勇奋斗的历史，谈到了共青团必须培养学生强烈、坚定的政治意识，谈到了学校也要培养青年马克思主义

大学期间组织团支部活动，在风景区游览后留影。

者，不仅要培养科学家，也要培养政治家。要求我在高中的团员中开展党课教育，争取在高中生中发展一批共产党员，树立先进典型。

我迅速组织开展对学生政治思想信念方面的调研，组织学生团干部座谈，了解学生干部的想法。通过调研我们发现，尽管十年内乱结束不久，经济生活还比较困难，社会上对共产党的领导、对社会主义的优越性、对资本主义的腐朽性等问题都存有疑问，但是学生积极分子当中还是有一批上进心很强、理想志向远大、对辩证唯物主义和历史唯物主义以及共产主义学说高度认同的青少年。我认为，在高中学生中开展党课教育是可以尝试的。很快，高二、高三年级都成立了党课学习小组。从设计专题讲座，安排学习党章，到组织参观访问，研讨疑惑难题，除了学校团委的教师直接参与之外，我们还组织起附中老中青的党员教师积极参与，尤其是让"文革"期间受到错误打击的老党员与学生座谈，效果很好。那时，附中在学生理想信念教育方面，创造了不少行之有效的好做法和好经验，华师团委、团省委都对附中团委工作给予了高度评价。

1983年，附中重新恢复发展学生党员的工作，正式吸收两名高三学生入党，成为中共预备党员，这是改革开放以后广州市中学生中的第一批党员。那时候，全国全党正在拨乱反正，正本清源。在这种特定的社会条件下，华南师大附中这第一批学生党员，引起了社会很大反响，报纸、电台、电视台等传播媒介都进行了热情的宣传报道。此后，进行党课教育，发展学生党员，成为附中优良的办学传统。重视学生的理想信念教育，为培养有理想抱负、有道德素养、有扎实学识、有领袖才能的青年马克思主义者奠基，成为学校德育一道亮丽的风景线，一个品牌特征。

当我在王屏山校长的直接指导下开展着这一系列工作的时候，老校长的信念、品格和胸怀，给我留下了深刻的心灵烙印，成为我日后从事校长工作时的标杆和参照系。"文革"期间，学生被别有用心的政治野心家所利用，学校受到了强烈冲击，王屏山校长也遭受了残酷的身心伤害。当王校长重回学校主持工作后，这些经历并没有影响他的教育信念——尊重学生，信任学生，依靠学生，让学生成为校园生活的主人。正是基于这样一种坚定的信念，尽管"文革"的阴影尚在，身心伤痛还未完全平息，王校长仍然引领着华南师大附中在全省率先恢复了学生会组织和学生社团活动。

这就是一个教育家的信念、品格和胸怀。它像一种基因注入了附中的机体，影响着后任校长，影响着学校文化的传承。

除了在自己的德育工作领域内，我还认真领会王屏山校长对其他工作领域的办学要求，以拓展知识面并熟悉其他领域的工作。

在中学阶段，是否应该鼓励学生发展个性特长？发展学生个性特长是否有悖于全面发展？如何看待和处理学生偏科问题？能否组织学生参与科学研究和创造发明活动？对这些问题，基础教育界一直存在着争论。尤其是"文革"后，经历了十年的折腾，大家都在反思、寻找新的发展路径。有人主张恢复"文革"前那种办学模式——关起门来好好为学生打下坚实文化基础，不要再搞什么新花样。可王屏山校长不这么看，他认为"文革"前的那一套有它的合理成分，比如重基础知识，重技能训练，重知识体系，重循序渐进；但也有缺陷，比如学生负担重，"满堂灌"多，学生缺少主动性，缺乏鼓励学生研究问题、发表创见的机制，区别对待、因材施教的措施不足，等等。他认为，中学生完全可以，也完全应该参与科学研究，参与小发明、小创造、小论文、小研究等活动，这样才能培养出创造型人才。

20世纪80年代初，在王屏山校长的直接主持和领导下，华南师大附中的学生学术社团、兴趣小组、学科爱好者俱乐部活动开展得如火如荼，数学小论文活动尤为突出。何振辉、伍星等同学的数学论文获得国家级奖励，陈文博同学的建筑设计也获全国大奖。从那时起，附中学生开展和参与课题研究逐渐蔚然成风，不但频频在国内、国际的大赛中获奖，甚至与一些国际机构建立起密切的合作研究关系。

当华南师大附中学生的研究性学习活动一路走来经过了十几年的积累之后，到了20世纪90年代末期，我们终于在教育部正式颁发的文件中看到，要求全国高中学生参与课题研究，开展研究性学习。

在办学实践中，王屏山校长一直在思考：怎样更好地因材施教？怎样让每一个学生得到更好的、更符合个体需要和接受能力的教育？"文革"后，教育界在拨乱反正期间，观点很多，主张不少。有人主张不管成绩高低，学生要均衡分班；有人主张要区别对待，按成绩分班。王校长经过冷静思考，认为在当时实行班级授课制的条件下，如果学生之间的学业发展水平差异过大，势必会造成课堂教学"顾了中间顾不了两头"的困难；教学要求面向多数人的学业水平，始终会造成有部分学生"吃不饱"，而又有部分学生"吃不消"。怎样在发挥班级授课制高效率这一优势的基础上，更好地在课堂教学中实现因材施教呢？

1983年，王屏山校长赴美国考察回来，就向华南师大附中的领导班子提出：试行在某些学科的课堂教学中按程度分层次教学——保留行政班的组织形式，分班时均衡分班；在学生学业分化比较严重的数学、物理、英语等三个学科中试行按程度分层次教学，这三门学科根据不同学业发展水平分为A、B、C三个层次的教学班，统一时间排课，教师针对学生的实际发展水平因材施教，学生按自己的学业发展水平选择不同层次的教学班"走班上课"，其他学科仍按行政班上课。每个学期结束后，学生可以根据自己的学习状况，提出调整教学班的申请。

尽管这种行政班与教学班并存，实施因材施教的教学组织形式在教学安排、教务管理、师资调配等方面都增加了工作的难度，但很受学生欢迎，教学效果突出，成为华南师大附中教学改革的一个亮点，引起了社会的关注，全国各地的重点学校纷纷来参观、学习，借鉴附中的做法和经验。时至今日，我们看到，在全国推行高中新课程改革的过程中，行政班与教学班并存已经成为实施新课程改革的有效措施和普遍做法。

离开华南师大附中之后，王屏山校长仍然关注着学校的发展，关心着我的成长。"六五"期间，已经担任广东省副省长的老校长亲自领衔主持的教育部重大课题"我国学校政治思想道德教育大纲的研究"，设定华南师大附中为其中一个实验研究学校，老校长时不时来到学校，和我们一起研究如何开展实验班工作。广东省在王屏山副省长主持下开展的"沿海地区版中小学教材研究"，华南师大附中的教师是其中重要的研究力量。我担任华南师大附中校长之后，对学校如何面对新挑战进一步发展、校长的治校方略如何形成、教学质量如何进一步提升、办学特色如何进一步彰显等一系列问题，老校长都提出了许多建议。甚至连我的一些生活细节，老校长都关注到了，提醒我要注意身体，千万不要通过吸烟提神。

老校长王屏山一生的教育情怀，在从副省长的岗位上退下来之后表现得更加淋漓尽致。他创办了广东省教育促进会，为广东教育发展尤其是落后地区的教育发展摇旗呐喊，殚精竭虑。

在王屏山同志倡导下，广东省教育促进会组织退休教师到山区、少数民族地区支教，为改变落后地区缺乏优秀师资的状况走出了一条新路子，也为今天公办教师到农村地区任教进行了早期的探索。

在老校长的带动下，华南师大附中始终以实际行动关心和支持山区、欠发达地区的教育，与清远、英德、惠东、封开、新丰、陆河等地区十几所学校保持着姊妹学校般的友好往来。华南师大附中尽自己的可能支持这些地区和学校的教研信息、教学设备和其他教育资源，使这些学校在教学管理、教学质量上有明显提高，我们为有这么一批"穷朋友""穷兄弟"而感到自豪。

在王屏山同志的倡导下，广东省教育促进会联合部分传媒，创立了"中小学教育创新成果奖"。这一奖项旨在鼓励中小学开展形式多样、卓有成效的教学、德育、管理改革，把是否有成果、是否有创新作为评奖主要标准，为推动全省中小学因地制宜、因校制宜、因人制宜地开展教育创新发挥了巨大的作用，形成了鲜明的政策导向。在大讲教育创新的今天，我们不能不佩服王屏山同志三十年前的远见卓识。

王屏山老校长无愧于"人民教育家"的崇高称号！在他的引领下，我走上了坚持在中学教育实践中开展研究的道路，在他的指导下，我就如何当好一个团委书记、如何开展学校德育工作、如何传承和发扬华南师大附中优良的办学传统进行了探索。他给我的指导和影响，不限于学校管理，不限于教育教学，更给了我敢于坚持、敢于创新的勇气和胆识，鞭策着我勇敢追求更高的发展目标。

尽管没有举行过拜师仪式，尽管我这个徒弟还不太合格，但我认定了，王屏山老校长就是我的师傅，我就是他的徒弟。

恩师的耳提面命和榜样示范，我终生受用不尽。

第三节　御风而翔

我出生于1950年。我们这一代人，与新中国同成长，休戚与共。

1978年10月，我调进华南师院附中，开始了新的教育生涯；幸运的是，同年12月，中国共产党召开了十一届三中全会，中国进入了以经济建设为中心的改革开放新时代，中国的基础教育也拉开了变革的大幕。

继1977年恢复了高考制度之后，1978年，我国从大学到中小学重新办起了一批重点学校。把工作重点转移到经济建设、加快我国四个现代化进程的社会发展目标上，对全社会提出了"尊重知识，尊重人才"的要求，对教育提出了"快出人才，多出人才"的要求。

1980年代，"片面的应试教育"在中小学中沉渣泛起。如何在"快出人才，多出人才"的同时，也要"出好人才"，成为社会关注的焦点。

20世纪90年代，随着探索的不断深入，素质教育问题引发了一个全国性大讨论。在新旧世纪交替之时，讨论逐渐聚集到一个焦点上：中国的基础教育应该以一种怎样的发展模式迎接21世纪的挑战？

进入21世纪，我国中小学开展了新一轮课程改革。

与此同时，教育管理体制改革、高考招生制度改革等系列社会重大工程，也在不同时期对中小学教育产生着重大影响。

我有幸在华南师大附中的工作平台上，在我国教育改革的新时代，放飞自己的思想，放开自己的手脚，为传承和发扬华南师大附中的优良办学传统做了一些工作，为培养肩负起民族振兴重任的一代新人做了一些探索，为推进我国基础教育改革做了一些思考。同时，自身也在这个过程中逐步实现了蜕变。

一、两所学校与"三个面向"

20世纪七八十年代相交之时，我国的中小学教育处在一种特殊的发展境况之中。既要拨乱反正，迅速恢复学校的教育教学秩序，又不知"正"在何方，未来的发展路向该往哪里走。是恢复"文革"前"十七年"那一套，还是应该有新的套路？新的套路又是什么？

可是，"多出人才，快出人才"的强烈社会需求，让人们来不及做更多的理性思考，"尽可能多地向上一级学校输送毕业生"成为共识，成为中小学教育工作者的共同行动。

其时，我已在华南师大附中工作。崭新的工作环境，让我倍加珍惜眼前的一切，忘我地投入教学工作之中。但有时把在华南师大附中看到、听到的人和事与自己原来在水东中学看到的、听到的相比较，又感到二者之间有着道不明、说不清的差异。

1977年恢复了高考之后，我在水东中学教了一届高中毕业班。那时，在毕业班中所做的一切，都是为了高考。为了能让更多的学生考上大学，不管用什么方法手段，"填鸭式"也好，"悬梁刺股"也好；对学生也没有更多的说法，就是一句话："要改变自己的前途和命运，就要考上大学！"

可是在华南师大附中，我却看到，学校也在竭尽全力让更多的学生能够考上大学，考上更好的大学，但校园氛围却不像水东中学那样。学生除了在教室里认真上课、刻苦复习之外，还有多种多样的校园活动；教师除了鼓励学生认真读书之外，还讲民族前途、国家命运；学生除了在校园里正常上课之外，还到校外开展"学工""学农""学军"活动。

许多年之后，我才认识到，原来水东中学的那些做法，衍生出"片面的应试教育"；华南师大附中的这些做法，实施的是"素质教育"。

在人们对"片面的应试教育"进行归因研究时，常常归咎于教育工作者的主观因素。但客观地说，"片面的应试教育"之所以沉渣泛起，还有后来反复强调的"减负"，都有其深刻的历史背景和无奈的现实因素。事实上，在拨乱反正、重建学校教育教学秩序的那段时间，除了"十七年"，除了苏联模式，我们并没有更多的参照系。

就在全社会探索着如何重建中小学的教育教学秩序、寻找在新的历史时期中我国中小学的发展模式时，1983年9月，邓小平为北京景山学校题词"三个面向"："教育要面向现代化，面向世界，面向未来。"

在日后工作实践的不断体悟中，我对"三个面向"形成了自己的理解和认识。

"三个面向"揭示出一个基本特征，两个发展区间。

"面向现代化"就是要求我们的教育要具有"现代"的特征，包括在思想观念方面，教育、教学、管理的操作系统方面，人们的行为特征和劳动工具等方面，都要体现出"现代"的要求——与时代和社会的发展要求相适应。这个相适应的过程，就是从原有的发展状态"化"入一种新的发展状态的过程。因此，"面向现代化"，从静态的角度来看，就是以一种新的标准，要求我们的教育发展模式要具有一种新的机制特征，具有与时代和社会发展要求相适应的同步性；从动态的角度来看，就是要求我们通过更新、改革、引进、应用等现实操作行为，从物资设备、运行机制、思想意识等不同层面整体推进，使现行的教育完成一个发展状态的转换过程。这样,就需要我们在办学实践中,以时代和社会的发展要求为参照,主动进行思想观念更新,积极开展教育教学改革,自觉改善行为特征,广泛应用现代工具,使学校教育真正向着现代化的方向发展。

现代化所具有的标准性意义,具有时空的两维同构性。从时间维度来看,所谓"现代"是相对而言的,发展规律决定了"现代"只能是不断融入"未来"之中。现代化所具有的标准性意义,不可能是一种处于静止状态中的发展水平,而必须具有一种与"未来"的可衔接性。因此,"面向现代化",也就必然要与"面向未来"相联系,并以"面向未来"为指向。这样,我们在办学实践中推进学校的现代化发展进程时,也就必然要进入"面向未来"的发展区间,以适应未来发展要求的思路来制定办学方略。

从空间维度来看,现代化所具有的标准性意义,不可能只是一种处于孤立状态中的局部地区的发展水平,而必须在一种开放状态中,以广泛区域的整体发展水平为参照,反映出局部与整体之间的同一性与互动性。因此,要实现我国的教育现代化,就需要我们以一种面向世界的态势,与国际教育接轨,在融入世界发展潮流中产生共振互动。即使是在学校这样的基层单位中,我们在制定学校的发展策略时,也必然要进入"面向世界"的发展区间,以国际教育发展潮流为参照,在与国际教育接轨中推进学校自身的现代化发展进程。

"面向现代化"——建立一种崭新的现代办学模式,满足现代化建设对人才素质的新要求;"面向世界"——融入国际教育发展潮流之中,培养能够走向世界的中国人;"面向未来"——把握人类世界未来发展趋势,造就能够适应未来挑战的时代新人。这就是我所理解的"三个面向"的要义。

1985年5月,《中共中央关于教育体制改革的决定》(以下简称《决定》)颁布了。《决定》的第一行字就开宗明义地提出:"教育体制改革的根本目的是提高民族素质,多出人才、出好人才。""出好人才",正是对"多出人才"的必要补充。尽管《决定》中没有在字面上明确针对当时社会上已经显露出来的"片面的应试教育"现象,但对学校教育的人才培养规格已经提出了明确的要求:"都应该有理想、有道德、有文化、有纪律,热爱社会主义祖国和社会主义事业,具有为国家富强和人民富裕而艰苦奋斗的献身精神,都应该不断追求新知,具有实事求是、独立思考、勇于创造的科学精神。"

《决定》中,把"面向现代化、面向世界、面向未来"确定为中国特色社会主义现代化建设新时期教育的战略方针和发展方向。

在水东中学任教的时候,我单纯地以为,一切要为学生的高考着想,有多大的力就使多大的劲。现在看来,作为一个教育工作者,单有朴素的工作热情是不够的,还必须有开阔的视野,有正确的目标,有对教育规律的认识。这就要求教育工作者必须学习,持续学习,在学习中不断提高自己的理论素养。

在华南师大附中的工作平台上，在学习领会邓小平"三个面向"的思想和《中共中央关于教育体制改革的决定》的精神中，我的教育理论认识有了一个飞跃。

二、应试教育与素质教育

在我担任华南师大附中校长工作之后不久，中国教育界出现了一场关于应试教育与素质教育的全国性大讨论。今天看来，这场大辩论，其核心内容就是一次关于教育价值取向的辨识与澄清。

如果仅从概念的内涵与外延来看，这两个概念之间并非对立的。应试教育中含有"提高素质"的成分，素质教育中也含有"应试能力"的内容，两个概念之间存在重合的部分。仅停留在概念之争，难以区分二者的差异。

如果从一种现实行为来看，教育具有影响社会分层、改变人的生存状况等功利性特征，故应试教育具有某些存在的合理性。我国科举制度影响悠久，为应试教育提供了文化土壤；社会生活中的急功近利风气，为应试教育提供了现实需求；优质教育资源的匮乏，尤其是高等教育发展的不充分，为应试教育制造了存续的客观理由。

但是，如果从一种教育、一种教育发展模式的根本特征这一角度来看，应试教育与素质教育则存在着本质区别。

1997年10月，国家教委颁布的《关于当前积极推进中小学实施素质教育的若干意见》中指出："应试教育是指在我国教育实践中客观存在的偏离了受教育者和社会发展的根本需要，单纯为应付考试、争取高分数、片面追求升学率的一种倾向。它主要面向少数学生，忽视大多数学生的发展；偏重知识传授，忽视德育、体育、美育和生产劳动教育；忽视能力与心理素质的培养；以死记硬背和机械重复训练为方法，妨碍学生生动、活泼、主动地学习，使学生课业负担过重；以考试成绩作为评价学生的主要标准甚至作为唯一标准，挫伤了学生学习的主动性、积极性和创造性，影响了他们全面素质的提高。"

"素质教育是以提高民族素质为宗旨的教育。它是依据《中华人民共和国教育法》规定的国家教育方针，着眼于受教育者及社会长远发展的要求，以面向全体学生、全面提高学生的基本素质为根本宗旨，以注重培养受教育者的态度、能力，促进他们在德智体等方面生动、活泼、主动地发展为基本特征的教育。素质教育要使学生学会做人、学会求知、学会劳动、学会生活、学会健体和学会审美，为培养他们成为有理想、有道德、有文化、有纪律的社会主义公民奠定基础。"

其时，我已在华南师大附中担任校长职务。由于社会，包括中小学教育界普遍存在着急功近利行为，形成了对升学率的盲目追求。各级领导和家长们把升学率作为衡量学校办学质量的重要指标，甚至是唯一的指标。当官员将政绩期望，家长将家族期望都高度聚集到升学率上的时候，升学率已然超出了其原有的意义而异化为一种沉甸甸的负担，压在校长们的肩上、心里，让校长背负着沉重的世俗压力。

我意识到，这种世俗压力，是一种现实存在。但我坚信，实施素质教育并非就意味着无视升学率的要求。一个素质优良的学生，必然也能把书读好，读出好成绩。如果学校能够坚持正确的素质教育，学生就一定能够把书读好，能够取得好成绩，如此，又何愁没有升学率呢？关键是，我们要让学生具有良好的素质、全面的素质，而不仅仅是只具有应试的技能。只要根深叶茂，又何愁没有叶绿花红呢？

后来，我在第二届全国基础教育论坛上作了一次讲演，结合华南师大附中深入开展教育教学改革的实践，表达了我对素质教育的理解和思考。

自从1977年恢复高考制度，华师附中取得了"考试竞赛长盛不衰，学生个性充分发展"的社会赞誉。当我们到一些高校跟踪了解我校毕业生的发展情况，听到他们对我校毕业生给予"素质高，能力强，后劲足"的评价时，我们为自己不懈的努力感到了几分安慰，并为自己能够以微薄之力为推进我国的素质教育发展做出一份贡献感到自豪。

……

1997年初夏，随广东省教育代表团赴广西壮族自治区进行教育交流，在中越边境哨所留影。

会上，我着重阐述了华师附中在推进素质教育时紧紧把握着的两个核心问题，一是以人为本，二是持续发展。我以为，抓住了这些核心问题，就抓住了基础教育改革的根本，就能把握住素质教育的本质。

教育的意义，本来就是建立在促进人自身的发展和完善的基础之上的。而应试教育的弊端之一，就是只见分数不见人，把教育以人为本的本质特征异化成为以分数为本。实施素质教育，就是要把被应试教育扭曲了的教育根本之义找回来，重新恢复以人为本的价值取向。我认为，以人为本，就是要尊重学生个体差异，发展学生个性特长；以人为本，就是要挖掘学生潜能，鼓励学生冒尖；以人为本，就要扩大学生学习的自主权，增加选择性；以人为本，就要大力倡导教学相长，实现师生共同发展。

应试教育对人的某些能力开发，具有资本原始积累时期的那种掠夺性和破坏性，是以牺牲学生的可持续发展能力和学生的长远利益为代价的。实施素质教育，就是要从保护学生的长远利益出发，一切着眼于学生的可持续发展能力的培养。我们把这种着眼于持续发展的办学理念，概括为四句话：培养可持续发展的学生，造就可持续胜任的教师，创办可持续攀高的学校，实施可持续提升的教育。

当人们沉溺在应试教育的思维定式、心理定式中来理解素质教育、评价素质教育的时候，我们作为在学校一线的基层教育工作者，更加深刻认识到，要扫清其中的思想障碍，超越其中的思想局限，其难度绝不亚于进行一场思想革命。

在演讲的最后，我与同行们分享了华南师大附中在实施素质教育过程中走过的心路历程。

今天，当我们在这里一起分享我们坚持开展素质教育、创新教育所取得的成果时，我们是那样的充满喜悦，意气风发。但是，回首我们曾经走过的路，回望那段充满艰辛的历程，那种思想观念之间的碰撞和冲突所留给我们的心灵震撼，仍然历历在目，记忆犹新！

当我们坚持着眼于学生的长远发展时，我们就要承受起急功近利价值观的重压；

当我们强调要尊重教育规律、尊重学生身心发展规律时，我们就要承受起种种不科学、非理性的责难；

当我们强调要以人为本、以学生为本时，我们就要敢于对那些以牺牲学生长远发展为代价的掠夺性开发现象和行为进行抗争；

当我们面临着以学生的发展为重还是以学校的声誉、校长的名誉为重的选择时，我们就需要有一种无私的胸怀、无畏的勇气来进行自我超越，勇敢地走自己的路。

我坚信，只要我们真正以人为本，以学生为本，坚持着眼于培养学生的良好素质和可持续发展能力，那么，学校的升学成绩和学生的健康发展，必定是相得益彰，彼此辉映的。

这场关于素质教育的全国性大辩论，让我对中国基础教育改革创新的艰巨性有了更深的认识，对坚持自己的教育理想有了更坚定的信念。

三、新课程改革与"三个转化"

进入21世纪之后，我国开展了新一轮课程改革。2001年6月，教育部颁发了《基础教育课程改革纲要（试行）》，提出要从课程目标、课程结构、课程内容、课程实施、课程评价、课程管理等六个方面开展新一轮的基础教育课程改革。

我在华南师大附中担任校长职务之后，首先遇到了实施素质教育的挑战，现在，新课程改革又是一场新的挑战。正是这一次次的挑战，促使我在不断应对挑战中实现自我超越。

在领导全校师生一起推动新课程改革的过程中，我在两个重要方面得到了锻炼和提升：一是从文化学的角度来看，我让华南师大附中的优良办学传统与文化精神在新一轮课程改革中得到发扬光大；二是从管理学的角度来看，我在课程改革这个复杂的系统工程中学会了怎样领导全校师生共同构建一种工作格局。

在一次向上级部门的汇报中，我做了一个"构建多样化、特色化的学校课程体系——华南师大附中学校课程改革实验探索"的工作报告。在报告中，我首先总结了华南师大附中在开展新一轮课程改革中的做法、经验和体会。

华南师大附中的课程改革，在20世纪的五六十年代已经积累了"课内打好基础，课外发展特长"的改革经验，自20世纪80年代以来，又完成了三个发展阶段：

第一阶段，20世纪80年代，从数学、语文、英语等部分学科的教科书改革开始，到多学科大面积开展的课外兴趣小组活动，我校的课程教学实现了课内向课外的延伸拓展；

第二阶段，20世纪90年代，对课外兴趣小组进行了课程化建设，形成了我校校本课程体系的雏形；

第三阶段，21世纪以来，随着我国新一轮课程改革的进程，我校逐步完成了学科选修课程体系与活动课程体系的结构化建设，形成了一个与国家规定性课程互补的校本课程体系。

学校在开展新一轮的课程改革时，继承和发扬了以往敢于改革、大胆创新的办学传统，并不断强化着一种勇于追求、敢于担当、善于超越的学校文化精神。从文化学的角度来说，我算是顺利完成了学校办学传统和文化精神的传承和发扬。然而，从管理学的角度来说，我遇到的工作局面就复杂得多了。

新一轮课程改革，深入触及学校工作的方方面面，如果缺乏深入的思想发动，缺乏合理的系统设计，缺乏有效的过程调控，所谓的改革，很容易就会停于表面，流于形式。因为，这次课程改革，已经触及不同群体的切身利益。

首先，从教师的角度来看，这一轮课程改革，让教师们遇到了前所未有的挑战。仅就一个简单的事例而言，一本小小的教学参考资料，已经让许多教师在课程改革初期就遇到了不知从何教起的困扰。

以往，教师们手上都配有一本各学科的"教学大纲"。这本"教学大纲"，对每一册教科书、每一个教学单元，甚至每一篇课文，都有教学内容的重难点设计，对考察内容，甚至教学方法、教学组织形式都提供了提示和指引。教学，可以参考"教学大纲"进行设计，考试也围绕"教学大纲"进行命题，"教"与"考"都以"教学大纲"为依据。教师们在教学设计时，在教学过程中，只要忠实地按照教学大纲的要求安排自己的教学活动就行了。

而在新课程改革中，各学科的"教学大纲"被"课程标准"取而代之。为了尊重和发挥教师们在教学过程中的主观能动性、主体创造性，为了满足教材多样化的要求，为了实现教、考分离，"课程标准"除了教学目标设计之外，少了"教学大纲"的具体提示和指引。这样一来，之前形成的心理定式和思维定式，让教师们在教学设计中就陷入了因失去教学大纲的指引而无所适从的迷惘与彷徨，更遑论学科整合、综合课程设计等一系列更深层次的改革要求了。

其次，从家长的角度来看，普遍存在对政策持续性的担心，对孩子成为"实验白老鼠"的抵触；从校长的角度来看，也普遍遇到了如何突破现有条件的局限、如何实现系统工程的整体配套等现实问题；而学校、校长、教师、学生和家长，也都担心着课程改革是否会影响升学率。

改革，意味着突破和超越。任何改革者，都不可避免要承受压力。尤其是在关乎千万家庭切身利益的教育改革方面，学校更承受着沉重的世俗压力。我校的新课程改革，正是在面对可能影响升学率的风险以及承受沉重的世俗压力中奋力前行，并且凝成了我们那种敢于担当的历史责任感和时代使命感。在这个过程中，我对"管理决定成败"的道理有了更深切的体会。

在上述的工作报告中，我着重从抓好"三个转化"方面向上级管理部门汇报了如何发挥自身管理职能以保证新课程改革顺利进行的做法、经验和体会。

第一个转化，是把学校的决策思想转化为广大教师的共同认识和自觉意识。

在学校教育中，教师是主力军。任何改革，都是在教师的具体实践中体现的。因此，必须让学校的决策思想转化为广大教师的共同认识和自觉意识，才能产生自觉的改革行为，才能保证改革目标的实现。

多年来，我们通过会议、培训、研讨、学习等多种方式途径，努力让系列命题转化为广大教师的共同认识并内化为一种自觉意识：

要形成"勇于改革，敢于承担，善于超越"的学校核心精神；

要树立"以完整的现代教育塑造高素质的现代人"的办学

理念；

要坚持"以人为本，满足学生个性化发展要求"的课程价值观；

要体现"多样化，特色化，精品化，国际化"的课程发展策略；

要构建"国家规定性课程"与"校本选择性课程"互补的大课程体系。

……

在这个转化过程中，教师们明确了思想，开阔了视野，激活了创造力，坚定了改革行为，极大地提升了我校办学的软实力。

第二个转化，是把抽象的思想理念转化为一个具体的操作系统。

在抽象的思想理念与具体的行动方式之间，存在着一个转化环节——操作系统。这个操作系统，一头连着抽象的思想理念，将其变为具体的目标、任务、要求、方案、机制、流程；一头连着具体的行动方式，以其导向和规范功能影响着人们的行动方式。据此，我校努力从以下几个主要方面建立校本课程体系建设的操作系统。

成立以校长为组长、主管行政领导和学科带头人组成的课程委员会，对学校的课程建设进行统一规划、部署、组织、协调、指导。

2007年教师节前夕，作者被广东省教育工会评为"广东省十大师德标兵"。

成立课程与教学处，负责制订工作方案，建立管理制度，研制课程资源开发计划，组织教师开展专业培训。

对教师的校本课程建设与选修课开设提出标准和要求——能够展示教师的个性才能和满足学生的个性才能发展需要，体现多样化、特色化、精品化的课程特征，坚持"三维"教学目标，打造自主高效课堂，创新学生发展指导方式，创新教学评价方式。

对学生的课程选择和学习进行指导，提出要求。我校通过《学生选课指导方案》《学分认定方案》《学生特长认定方案》《学生综合素质报告书》等文件，对学生的课程选择和学习行为给予指导，予以规范。

建立评价机制。我们通过《课堂教学评价指标体系》规范校本课程的教学行为；通过定期表彰奖励校本课程建设先进单位和个人，激发和保护教师们参与校本课程建设的积极性。

第三个转化，是把操作系统的规范导向功能转化为教师个体的自觉行动。

在明确的工作目标、配套的管理体系、有效的运作机制共同作用下，抽象的思想理念逐步转化为教师们的自觉行动。

在教学方式方面，教师们探索、归纳出"教师主导、学生主动、思维主线"的"三主"教学法；

在教学组织形式方面，教师们进行了多学科的分层教学探索，进行了行政班与教学班相结合的走班制教学；

在发挥学生的主体作用方面，教师们努力在"让学生成为课堂的主人，让学生的活动成为课堂的主要形式，让学生自己选择学习方法"的探索中引导学生转变学习方式；

在学法指导方面，教师们指导学生总结出"自主学习五个环节""知识归类八字方针""传、帮、带小组互动"等典型经验；

在利用网络资源方面，教师们依托华附在线学习中心开发出一批学生发展指导课程，让学生通过网络平台，制订个性化的课程修习计划，进行自主学习；

在实行"导师制"方面，教师们探索出"集中指导与分散指导相结合""全面指导和个别指导相结合""学前指导与常规指导相结合"等多种指导方式。

……

"三个转化"，保证着我校的校本课程建设、课堂教学改革扎扎实实地进行，并取得了实实在在的成效。在领导学校的新课程改革中，我也向着一个现代教育管理者的方向逐步蜕变。

四、收获丰富人生

三十六年来，华南师大附中为我提供了一个华丽的舞台，让我出演了一段精彩的人生。

在华南师大附中，我从教师成长为团委书记、教导处副主任、学校副校长和校长，经历了从基层到管理层的角色变换，熟悉了中学管理中方方面面的工作。

在华南师大附中，我在担任中学校长的同时，还被任命为华南师范大学的副校长，后来又兼任了基础教育培训与研究院的院长，实现着从基础教育到高等教育的跨界发展。

因为在华南师大附中和华南师范大学的工作经历，我两次被选为广东省人大代表，当选为广东教育学会副会长、广东教育督导学会会长，被聘为省人民政府副总督学、督学顾问，2012年，我当选为中国教育学会副会长（中国教育学会建立以来，担任学会副会长职务的广东教育人只有两人，另一个就是王屏山老校长）等社会工作职位，有更多的平台和机会传播我的办学理念和教育主张，与更多的同行分享我的想法、做法、经验和体会。

也因为在华南师大附中和华南师范大学的工作成绩和思想成果，我被评为广东省特级教师、广东省基础教育首批名校长、广东省十大师德标兵、享受国务院政府特殊津贴专家等，享有"新中国成立60年对教育有特别贡献的60人""当代教育名家"等荣誉称号。

每每忆及自己的人生收获，我总忘不了我的家庭，我的家庭教育，我的亲人们给我的教诲和影响。是家庭、是亲人，为我夯实了人生起步的基础。

我出生在一个大家庭，我的父亲一生有两次婚姻，每次婚姻都生了三个男孩和一个女孩，我一共有兄弟姐妹八人，哥哥姐姐们年

2017年，作者入选"当代教育名家"。

纪差别也比较大。

我的父亲经历比较坎坷。20世纪20年代他就参加了革命。1927年南昌起义失败后，起义军的一部分撤到汕头。我父亲作为汕头地下党负责人之一，还曾安置过周恩来等起义军领导人，并租用渔船护送郭沫若等人从海上前往香港。他没有接受过正规教育，但骨子里却是一个文人，曾经在报刊上做过专栏作家，靠挣稿费供养我们兄弟姐妹。我们从小便受到父亲严格的教育。

我的大哥和四哥在20世纪30年代和40年代分别考上了中山大学，大哥大学毕业后就投身革命，是东江纵队的老游击队员。四哥大学毕业后就到香港教书，他任职的香港培侨中学是1949年新中国成立时在香港升起第一面五星红旗的学校。从20世纪50年代中期开始，他担任这所学校校长三十多年，不论遇到多大困难，一直坚持爱国教育不动摇。香港回归之后，1998年，我四哥获颁特区最高荣誉"大紫荆勋章"，他还是第四届至第十届全国人大的香港代表。我的二哥早年参加革命，是20世纪30年代入党的老党员，改革开放后他担任了珠海经济特区的第一任市委书记兼市长。大姐在新中国成立前是"红小鬼"，20世纪50年代作为"调干生"被保送到中国人民大学，毕业后一直在政府部门工作。

我的哥哥姐姐都是很正直很有修养的人，他们是我成长中的榜样，从小我就希望自己长大后能够像他们一样出色。在我们这样一个革命家庭，如果说有一种优越感，那就是父亲从小就教育我们要有一种接班人的意识。他对子女的教育非常实在，要求我们做人要有原则、有良心，做任何事情都要凭借自己的实力，不能依靠长辈的庇护。后来我对儿子的教育也是如此，不能因为自己的父亲是校长而产生一种优越感，就可以放松对自己的要求，凡事要自己努力，靠自己的本事去完成。

我的少年阶段，刚好是家庭落难的时期，导致我在中学阶段的求学经历经受了挫折。1957年，我的爸爸（时任汕头市副市长）和大哥（时任广东省民政厅科长）被打成"右派"。两年后，父亲"右派"的帽子摘掉了，成为"摘帽右派"，我们还是被列入"可教育好的子女"，在上学等很多方面都受到限制。

我父亲被打成"右派"之后，我们家从原来的近二百平方米一层楼房搬到只有几十平方米的两间小房间居住，家庭生活条件一落千丈。这段经历在我小时候留下了深刻的印象。那时，我很难理解，我的家人都是非常正直和优秀的人，为什么会一夜之间变成"右派"？我始终坚信我的家人不是坏人，他们可能说过错话做过错事，但他们一定不是反革命或"牛鬼蛇神"。

1966年"文化大革命"开始了，我的家庭再一次受到较大的冲击。年近七旬的父亲去了位于澄海县农村的五七干校劳动改造，妈妈在医院工作，虽然身体不好，但也不能幸免，必须跟随所在医院由市里搬迁到揭西县城附近的新院址工作。1968年，我四个中学没毕业的兄弟姐妹陆续下乡，分配在陆丰、海丰、揭西的四个农村务农，一家人分散到六个地方，各自为生存而奋斗。

我在汕头市一中读完初中后，因为家庭原因没有机会继续读高中。1968年刚满18岁，我就下乡当知青了。这个时期，整个家庭都散掉了，家不成家，亲人分散在不同的地方，原来居住的房子锁上大门，钥匙交亲戚保管，谁回来谁去亲戚家取钥匙。虽然不在家人身边，但是父亲的平和、坚持、自省的心态影响着我对许多事情的看法。

父亲始终相信党、相信政府，即使自己的人生经历了大起大落，受到那么大的打击，但是他从来没有抱怨过党和政府，没有在我们面前说过党和政府的坏话，更没有怨天尤人或自暴自弃。

父亲这种积极的人生态度对我们兄弟姊妹产生了极其正面的影响。那时我们都还没完全长大，但心中坚持要做一个正直和有原则的人，绝对不能因为困难和挫折而自暴自弃的信念已经逐步形成。因为家庭的原因，我入团、入党前都比其他人经历了更长时间的考验。我到初三才入团；在大学申请入党的时候，我的学习成绩在系里一直是名列前茅的，表现也是有目共睹的，但是申请多年，直到毕业前才被批准。尽管如此，我始终认为，这些都是组织对我的考验。

特殊的家庭背景和人生经历让我懂得，做人要有坚定的信念和追求，只要你始终保持初心，最终必会到达彼岸。一路走来，我始终要求自己尽最大的努力老老实实做人，踏踏实实做事。

　　在华南师大附中工作的三十六年，我的事业发展一直比较顺利，从学校团委书记到最年轻的副校长，以及任期最长的校长。我收获了一段丰富而又精彩的人生，可以告慰家人。

　　每当回顾起这段与改革开放时代互动的历史，《春天的故事》这首时代流行曲总会在耳边悠然响起：

　　　　一九七九年，

　　　　那是一个春天。

　　　　有一位老人，

　　　　在中国的南海边画了一个圈。

　　　　神话般地崛起座座城，

　　　　奇迹般地聚起座座金山。

　　　　春雷啊唤醒了长城内外，

　　　　春晖啊暖透了大江两岸。

　　　　啊，中国，中国！

　　　　你迈开了气壮山河的新步伐，

　　　　走进万象更新的春天。

2010年，被选为火炬手参加第十六届亚运会火炬传递活动。

潜心聚力，含英咀华

本章记录了我在华南师大附中从普通教师到担任团委书记、副校长期间的成长轨迹。

身为附中人，我像海绵一样饱吸这所百年老校的淳厚意蕴，让自己成为学校优良文化的传承者。

担任团委书记，我以校史中的群英意象与师生意气为参照，构建起以"立志成才"为主题的理想教育系列和学生工作格局。

担任主管德育工作的副校长，我努力树立科学德育观，围绕解决好"为谁成才""成为什么样的人才""如何成才"三大根本问题，构建学校德育工作新格局。

这个潜心聚力、含英咀华的过程，成为我日后担任华南师大附中校长的职前准备期。

对于一个从粤东山区来到广州大都市的青年教师来说，眼前的一切，都是新鲜的、充满吸引力的。尤其是能够在这所于20世纪60年代就已经成为全国先进单位的名校中任教，我深感荣幸、倍加珍惜。

学校悠久的办学历史，蕴含着醇厚的文化意蕴；学校在不同时期培养出来的杰出校友，成为学校教书育人的成功范例；学校在改革开放初期展现出来的改革气象，激发出师生的蓬勃生气。

尤其幸运的是，在担任学校团委书记和主管学校德育工作的时期，我就参与和组织了学校承担的我国"六五""七五""八五"期间全国重点课题的研究工作。

此时，我就像一块缺水的海绵，尽情吸收身边的人和事所散发出来的生气与活力，接受着他们的话语和行动所带给我的感染和启发。

在担任学校团委书记的日子里，我把自己原有的工作经验放到一个新熔炉里重新进行提炼；在担任学校副校长的时光中，我把在新的工作环境中遇到的情况和问题，放到一个全新的思想框架中去认识和理解。

这是一段潜心聚力、含英咀华的过程。没想到的是，这个过程，竟为我日后担任华南师大附中校长提供了一个职前准备期，为我传承华南师大附中的办学传统打下了思想、理论、经验与实践的坚实基础。

作者和各班团干部在一起（摄于1980年，时任校团委书记）。

第一节　吮吸校史精华

在人们的心目中，百年老校有着一种特殊意蕴。一个"老"字，给人历尽沧桑之感；而"百年"，又并非一个准确数字，只言其具有一个历史悠久的发展过程而已。

一所百年老校所具有的意蕴，应该是从学校的创建之初，其办学理念和理想追求成为一种文化基因，在学校日后的发展中得以恒久传承，并随着学校的沧桑变化而得以沉淀、提升与优化。尽管，这所学校可能已经易地重建，可能已经变换了办学者，可能已经融入了新的学校主体，甚至已经变更了校名，但如果人们仍能从学校的办学行为中发现那种昔日的文脉继续在传承，发现创校之初的理念与追求仍在深刻影响着现实中的办学者，那么，这种"百年老校"的意义就已经存在了。

华南师大附中就是这样一所百年老校。其前身是创建于1888年的格致书院，1904年更名为"岭南学堂"，1914年更名为"岭南大学"，其中学部即为岭南大学附中，1927年更名为"私立岭南大学附中"，1951年更名为"岭南大学附中"，于1952年与中山大学附中、广东文理学院附中、华南联大附中一起合并为"华南师范学院附属中学"，1983年更名为"华南师范大学附属中学"。

合并时的其他三所学校，其中中山大学附中的前身是成立于2010年的两广优级师范学堂附设中小学；广东文理学院附中的前身是成立于1921年的广州师范学校；华南联大附中则是由成立于1924年的广东国民大学附中、成立于1928年的私立广州大学附中、成立于1935年的广法中学等三校合并而来。

这些学校的办学过程，历经了我国的辛亥革命、五四运动、土地革命、抗日战争、解放战争等历史时期。华南师大附中诞生于这一众学校之中，正可以博采众长自为一体。它们中的优良办学传统，成为文化基因植入了华南师大附中的校园之中；它们培养出来的优秀校友，成为榜样激励着华南师大附中的历届学子。

当然，在我担任华南师大附中团委书记、副校长期间，这些校史资料都还是零碎的，还没有得到系统整理。但是，现在回顾起来，当年我在聆听学校老教师们津津乐道讲述这些校史时，在了解学校前世今生的种种历史碎片时，在接触不同届别的校友时，自己已经在不知不觉之中受到一种学校历史文化的浸润，在潜移默化之中经历着一个对学校文化的认同过程，在自觉不自觉之中对学校优良办学传统进行着甄别与传承。

一 贰 潜心聚力，含英咀华 一

一、格致意蕴

1888年，中国发生了几件有着具有重要历史意义的事情：

在北京，清政府批准通过《北洋海军章程》，北洋海军正式成立；康有为鉴于民族危机，遂上书光绪皇帝，请求变法。

在广州，李鸿章为两广总督衙门亮起第一盏电灯，开启了广州使用电力的历史；同年，两广总督张之洞创办广雅书院，主张中学为体、西学为用；美国传教士哈巴安德创办了格致书院，引入西方教育体系，一种新教育落地生根。

……

这几件事情，相互之间似乎并没有什么联系，但将其放在一个宏观的社会背景中来看，却有着特定的历史意蕴。

发生在北京的两件事情，在庙堂之上反映出自洋务运动之后，朝野之间面对军事、政治的困局试图进行突破——面对列强的坚船利炮，清政府试图通过建立北洋海军以强兵护国；面对政治腐败，民间知识分子试图通过撼动最高统治者以进行政治改革。

发生在广州的两件事情，则从一方区域反映出洋务运动对社会生活已经产生的实质影响——电灯，寓意社会现代化进程首先在器械物质层面开启；广雅书院、格致书院，则寓意社会的现代化进程以教育为载体进入了精神层面的发展。

发生在庙堂之上的两件事情，结果以失败告终——北洋水师在其后的中日甲午战争中全军覆没；康有为倡导的戊戌变法，也仅存百日之久。

而发生在广州社会的两件事情，命运截然不同——电灯亮起之后，再没有熄灭，演化为璀璨的万家灯火；格致书院创建之后，其文脉留存至今，蕴含在华南师大附中的学校文化之中。

"格致"，人们多认为是"格物致知"的缩写。"格物致知"一词，源出于《礼记·大学》篇："古之欲明明德于天下者，先治其国；欲治其国者，先齐其家；欲齐其家者，先修其身；欲修其身者，先正其心；欲正其心者，先诚其意；欲诚其意者，先致其知，致知在格物。物格而后知至，知至而后意诚，意诚而后心正，心正而后身修，身修而后家齐，家齐而后国治，国治而后天下平。"

然而，如何理解"格物致知"的真正内涵，从最早为《大学》作注的东汉郑玄，一直到现代的儒家学者，各有不同的理解。明代最后一位儒学大师刘宗周就总结说："格物之说，古今聚讼有七十二家！"而自刘宗周以来，又增添了不少不同见解。

当西学东渐之后，人们则以西方文化中的科学精神来阐释"格物致知"的内涵：穷究事物的原理法则而总结为理性知识。

对"格物致知"的释义，反映出一个自古至今的认识发展过程。

在《大学》的语言环境中，"格物致知"指的是个体的德行修养——"物格而后知至，知至而后意诚，意诚而后心正，心正而后身修。""格物"指的是割除物欲的影响，其目的是走向"知至""意诚""心正""身修"的德行境界，走向"身修而后家齐，家齐而后国治，国治而后天下平"的社会理想。

今人在将"格物致知"的内涵解释为"穷究事物的原理法则而总结为理性知识"时，已经翻出了新意：从着眼于个体的德行修养发展到着眼于客观事物的原理法则和科学理性。

学者丁肇中在《应有格物致知精神》一文中也谈道："从探察物体而得到知识。用这个名词描写现代学术发展是再适当也没有了。现代学术的基础就是实地的探察，就是我们所谓的实验""科学进展的历史告诉我们，新的知识只能通过实地实验而得到，不是由自我检讨或哲理的清谈就可求到的""我觉得真正的格物致知精神，不但是在研究学术中不可缺少，而且在应付今天的世界环境中也是不可少的。在今天一般的教育里，我们需要培养实验的精神。就是说，不管研究科学，研究人文学，或者在个人行动上，我们都要保留一个怀疑求真的态度，要靠实践来发现事物的真相""希望我们这一代对于格物和致知有新的认识和思考，使得实验精神真正地变成中国文化的一部分"。

在洋务运动之后，明清以来逐渐形成的实学教育思想努力在寻找一种现实载体。清末年间，在引入西方的自然科学课程时，"格致"一词成为物理、化学等学科的总称。及至出现了西方传教士开办以物理、化学等自然科学课程为主要学习内容的新型学校时，则以"格致"为校名而区别于施行传统教育课程的学校。

格致书院的开办，为实践实学教育思想提供了一种现实载体，让国人可以从中了解西方科学技术，可以对中西历史文化与社会民情进行比较学习。现今的福州格致中学，其前身是始建于1847年7月的福州格致书院；上海格致中学的前身，是于1873年发起筹建、1876年6月正式开学的上海格致书院。华南师大附中的前身，就是于1888年3月开办的广州格致书院。1893年至1894年任广州格致书院校监的香便闻牧师曾说：我们创立的学校，不应当是一所神学院，不应当是一所过分注重宗教教育的学校，而应该是一所国内式的学校，首先学习英文，然后全面学习人文学科。

缘于历史沿革，华南师大附中尽管在校名上没有出现"格致"的字眼，但从华南师大附中的校训、办学宗旨和学校精神中，仍然可以看到与广州格致书院的文脉相承。

"格致"校名的内涵，直接融入了现今华南师大附中的校训之中——进德修业，格物致知。崇尚科学、专于探究的精神，已经深植于华南师大附中的学风之中。丁肇中在阐释"格物致知"时所倡导的"实验精神"，也体现在华南师大附中学生"忱于实验"的学习方式之中。

格致书院希望通过开设新课程来培养新人的办学理念，在华南师大附中"以完整的现代教育塑造高素质的现代人"的办学宗旨中得到了传承。当年，格致书院以格致学科为重点构建起一个新的课程体系以培养新人；今天，华南师大附中追求建立一个与完整的现代教育相匹配的课程体系，以塑造高素质的现代人。

格致书院敢于冲破旧教育束缚的敢为精神，在今天演化成为华南师大附中"以人为本，敢为人先，追求卓越，崇尚一流"的华附精神。当年，在弥漫着科举文化陈旧气息的教育领域，格致书院一骑突起，扬起一股教育新风；今天，华南师大附中面对"唯分数是问""片面追求升学率"的教育异化现象，敢于坚持全面的素质教育，敢于让学生在农村与农民"三同"的社会实践活动中体察民情接受教育，敢于在课程、教学、评价、管理的改革中探索拔尖创新人才成长之路。

在一百余年的沧桑变化中，广州格致书院虽然已经成为一种历史印记，但却形散神聚，其精神文化在华南师大附中得以传承光大，焕发出新的时代风采，从而成就了一所百年老校。

二、群英意象

一所百年老校之所以值得人们敬重，一个重要原因，就是它培养出了诸多优秀学子，充分发挥出培育英才的社会功能。

回首凝望，无论是格致书院的学生，还是合并前四所学校的学生，抑或是华南师大附中历届的毕业生，可谓英才辈出，享誉海内外。在这些优秀学子中，有民主革命战士、无产阶级革命家，有科学家、艺术家，有运动健将、世界冠军。这些杰出人才，凝聚为一个群英意象，激励着华南师大附中的学子们以国家、民族振兴为己任，奋发图强，立志成才。

在格致书院当年为数不多的学生中，先有孙中山先生挚友陈少白，后有被孙中山先生评价为"浩气英风，实足为后死者之模范"的史坚如，还有一手拿画笔、一手拿武器的岭南画派创始人高剑父……他们都是为推翻封建帝制而青史留名的民主主义战士。

陈少白，广东新会人，是格致书院开办时的第一位报考者。1890年，陈少白在格致书院就读时认识了当时正在香港西医书院读书的孙中山，两人一见如故，后经孙中山介绍，由广州格致书院转到香港的中医书院就读。其时，志趣相同、抱负一致的孙中山、陈少白，与其后认识的尤烈（顺德县人）、杨鹤龄（中山县人），共同立下"实行大同、四人一心、复国是从、至死不渝、务求成功"等誓言，被清朝廷称之为"四大寇"。

陈少白辅助孙中山成立了兴中会、同盟会，致力于推翻封建帝制的革命活动，先后与格致书院师弟史坚如一起策划广州起义，配合孙中山从事革命宣传工作，被孙中山聘为总统府顾问。在孙中山的革命活动中，陈少白一直是其左膀右臂。

史坚如，广东番禺人。在听到戊戌变法失败的消息后，史坚如对残杀维新党人的慈禧充满愤恨，确立起反清的革命志向。为探求推翻清朝的革命道路与救国救民的真理，寻找志同道合的同志。史坚如于1898年进入广州格致书院就读，1899年结识了在格致书院的师兄陈少白及众革命党人，加入了孙中山先生领导的兴中会。

1900年7月，兴中会领袖孙中山秘密召集杨衢云、陈少白、邓荫南、史坚如等广东革命党骨干力量举行军事会议，决定乘中国北方大乱、清廷西逃之机在惠州举行起义，邓荫南、史坚如到广州城内部署起义，相机暗杀广州城的清廷大臣，以资策应。

1900年10月，史坚如在广州起义及刺杀两广总督失败后遭人出卖而被捕，遭受严刑拷打而英勇不屈，在被押赴刑场时为没能刺杀成功而慨叹："一击未中，悔恨终生！"1900年11月，史坚如慷慨就义，年仅21岁。

这些格致书院校友，为国为民奋不顾身。英烈忠魂，似血脉，如源流，遗传在其后学之中而得以一脉相传。

1904年7月，格致书院迁到澳门并改名为"岭南学堂"。对于格致书院迁往澳门并改学校名称的原因，坊间有不同的传说，有说是因为义和团起义祸及，有说是因为学生史坚如反清波及，皆为避祸出走。

在格致书院迁往澳门，并改名为"岭南学堂"之后，后来成为中国近现代国画家、美术教育家、岭南画派创始人之一的高剑父走进了学校的大门。

高剑父，1879年出生，自幼失去双亲，家境贫寒，从小对绘画有浓厚兴趣。14岁时经人介绍随居廉学画，后进入澳门的格致书院（当时已改名为"岭南学堂"）向法国传教士麦拉学习素描，不久，返回广州在述善小学堂担任图画教师，通过与当时在两广优级师范任教的日本画家山本梅崖处接触到日本绘画。与麦拉、山本的交往，使高剑父进一步开阔了眼界，接受了外国艺术的滋养，初步奠定了他改革传统中国画的志向和决心。其后，他东渡日本，以求深造，毕业于东京美术学校。

在日本时，高剑父最初与廖仲恺、何香凝同住，受其影响，于1906年参加了同盟会并任广东同盟会会长，奉命回国组织广东支会，参加了黄花岗起义及光复广州战役，出入于生死之间。辛亥革命以后，高剑父再度赴日，研究绘画，并参加孙中山领导的中华革命党，致力于声讨袁世凯和护法运动。孙中山逝世后，他不满军阀官僚统治，公开表示从此永不为官，专心致力于中国画的革新和创造，在广州设立春睡画院，培养美术人才，历任中山大学国画教授、南京中央大学艺术系教授、广州市立艺术专科学校校长。20世纪20年代中后期，以高剑父为首的岭南新派与以广州国画研究会为代表的传统派画家公开论战，由此开创了岭南画派。在其艺术生涯中，高剑父先后获得意大利万国博览会金奖、巴拿马万国博览会最优奖。

1904年，岭南学堂迁回广州。1912年9月，遵照教育部指令，岭南学堂更名为"岭南学校"。1918年，岭南学校正式命名为"岭南大学"，其中学部相应命名为"岭南大学附中"。

岭南学校被命名为"岭南大学"的当年，便迎来了13岁的冼星海进校学习小提琴和音乐课程。格致书院校友的英烈忠魂，那种以振兴国家和民族为己任的抱负和精神，又闪现在冼星海的身上。

冼星海是一位伟大的音乐家，他以音乐为武器，为中国抗战事业做出了重大贡献。他生于澳门一个贫苦船工的家庭，具有刚毅坚忍、自强不息的性格，志存高远，求真务实，他的音乐作品成为唤醒民族觉醒意识的号角。其一生创作了 200 多首大众歌曲、4 部大合唱、2 部歌剧（其中一部未完成）、2 部交响乐、4 部交响组曲、一部交响诗、一部管弦乐狂想曲，以及许多器乐独奏、重奏曲和大量的艺术歌曲，写下了许多音乐方面的论文。他创作的《黄河大合唱》《九一八大合唱》《游击军》等作品，表现出中国人民不屈不挠的抗日意志，极大鼓舞了全国人民的抗日斗志，是中国民族新音乐事业的先锋，为中国人民的抗日斗争做出了巨大贡献。

紧随冼星海之后，时年 11 岁的廖承志在 1919 年从日本回国入读广州岭南大学附中，尔后又在岭南大学学习，参加学生运动。作为国民党元老名门之后的廖承志，20 岁之时，于中国土地革命低潮时（1928 年 8 月）加入了中国共产党，曾多次被抓捕入狱。1934年，廖承志到达苏区，担任红军第四方面军总政治部秘书长；参加长征时，因不同意"左"倾错误路线而被张国焘拘捕，戴着手铐继续长征，在红军第一、二、四方面军会师后经周恩来营救获释。1937 年至 1946 年期间，被中央派往香港、广东等地从事地下工作；1942 年被国民党绑架入狱；1946 年 1 月根据国共双方的"双十协定"被释放出狱。由出狱到新中国成立前，廖承志先后担任中共南方局委员、中共晋冀鲁豫中央局宣传部部长、中共中央宣传部副部长等职务。艰苦的革命征程，将廖承志锻炼成为一位无产阶级革命家、杰出的社会活动家、党和国家的优秀领导人；晚年，他仍然为中日邦交正常化、为海外侨胞、为港澳回归殚精竭虑，赢得了世人的尊敬和爱戴。

华南师大附中的前身除了"格致书院—岭南学堂—岭南大学附中"这一演变脉络之外，还有"两广优级师范学堂—国立广东高等师范学校—省立中山中学—中山大学附中"等其他三条脉络。这些学校的校友们，也成为华南师大附中校友群英意象中的有机构成部分，为华南师大附中的学子们树立了光辉的学习榜样。

谭天度，1893年4月出生，中共一大时的党员，广东省资格最老、党龄最长的中共党员，坚定的马克思主义者，久经考验的共产主义战士，杰出的统一战线工作者。1913年，谭天度在省立广东高等师范学校毕业，随后在高师附中、附小、南武中校、坤维女中、潮州八邑旅省中学等多所中小学任教。1917年，俄国爆发十月革命，在北京大学就读的族人对陈独秀、李大钊等政治主张的介绍，让谭天度受到了新思想和新文化的深刻影响。1919年5月4日北京爆发反帝爱国学潮，谭天度也和学生们一道走上街头游行，发动工人和市民加入斗争的行列中。

1921年7月中国共产党成立，谭天度成为最早一批中国共产党党员。1922年1月香港爆发了海员工人大罢工，引发了香港工人同盟总罢工。身在广州的谭天度不但自己积极捐款，还通过演讲和做工作，动员他的学生和群众支援罢工斗争。1925年6月至1926年10月，爆发了举世震惊的省港大罢工，谭天度配合邓中夏、苏兆征等人，动员广大群众及各阶层人士全力支持罢工斗争，沉重地打击了英帝国主义。在1927年的八一南昌起义中，他担任政治保卫处秘书长，代行处长职责，协助周恩来、贺龙、叶挺、朱德等领导起义工作。八一南昌起义失败后，他根据党组织决定，长期在香港从事地下工作，曾先后四次被港英当局逮捕入狱。新中国成立后，谭天度在广东长期从事民族事务和统战工作并作出了重要贡献。1997年，他亲眼见证了香港回归祖国的荣耀时刻。

曾生，1910年出生，1933年7月在中山大学附中毕业后入读中山大学文学院教育系，1934年冬加入中国青年同盟会，策划学生运动，开展抗日救亡活动。1935年"一二·九"运动爆发后，他组织和领导广州学生积极开展抗日救亡活动，遭国民党当局通缉。1936年10月在中山大学加入中国共产党。1937年7月在中山大学毕业后，当选为中共广东省委候补委员，领导中共香港海委和香港海员工人运动，开展抗日救亡活动。

1939年春，曾生担任中共广东省委东江军事委员会委员和第四战区第三游击纵队新编大队大队长，1943年12月担任广东人民抗日游击队东江纵队（简称东江纵队）司令员；1946年6月后，历任华东军政大学副校长、渤海军区党委副书记兼副司令员，中国人民解放军两广纵队司令员、党委书记，率部转战华东战场，先后参加豫东、济南、淮海等战役；1949年10月，率部解放广州。其后，历任广东军区副司令员兼珠江军分区司令员、政委，中共珠江地委书记，华南军区第一副参谋长。1952年参加抗美援朝，率部赴朝作战，任中国人民志愿军第十二军副军长。1955年被授予少将军衔，其后历任南海舰队第一副司令员，中共广东省委常委，中共广州市委第三书记，广东省副省长兼广州市市长，广州军分区第一政委，广州警备区第一政委，国家交通部副部长、部长，国务院顾问。

陈镜开，1935年12月出生于广东省东莞市石龙镇，举重运动员，新中国体育开拓者，被国际奥委会授予奥林匹克银质勋章，被国际举重联合会授予金质奖章和最高荣誉铜质奖牌，被亚洲举重联合会授予金质奖牌和最高殊勋金质勋章，被国际健美联合会授予银质勋章和金质勋章，被收录为世界举重名人馆成员。

陈镜开自幼便喜欢玩一种类似举重杠铃的"拱石担"游戏。1951年，他被大哥送到广州华南联合大学附中就读，并在附近的谭氏健身院打杂。1952年，中南军区体工队举重教练李启龙通过该健身院的老板把他招入麾下，后被选入国家举重集训队。在我国体育事业的发展与世界存在极大差距、训练条件极其落后的情况下，陈镜开通过刻苦训练，努力拼搏，成绩提高很快，一年间挺举成绩从95公斤猛增到130公斤。

1956年6月7日在上海举行的中苏举重友谊赛中，陈镜开以133公斤的成绩，打破美国运动员C.温奇保持的56公斤级挺举世界纪录，为中国运动员创造了第一个世界纪录，对此国际上有一些质疑的声音，这深深刺痛了陈镜开的心。在1957年8月于莫斯科举行的第三届青年友谊运动会上，面对主要对手领先7.5公斤的情况，陈镜开在最后一次上场时跟队友说了一句话："反正是杠铃底下找人！"要么就举起来，要么就给砸趴下！他以绝地反击的精神举起了从来没有触碰过的140公斤，再次获得了冠军，再次打破了世界纪录。在全场的热烈掌声中，鲜艳的五星红旗在第一名的旗杆上冉冉升起，庄严地向世人证明中国人创造的世界纪录。有记者问他："是什么力量让你举起这么重的重量？"陈镜开回答："我是用6亿人民的力量举上去的！"

在华南师大附中校友群英中，还有物理学家邓锡铭院士、蔡睿贤院士和岑可法院士，晶体学家范海福院士，数学家姜伯驹院士，农学家黄耀祥院士等一大批在学术高峰上勇敢攀登的杰出人物。自华南师大附中创立之后，以1955届的医学家钟南山院士、1964届的国家科学技术进步奖二等奖获奖者骆世明教授、1966届的旅美金融学家李大西博士等为代表的历届毕业生，更是群星璀璨。由于篇幅所限，未能一一介绍，难免有挂一漏万之憾。

当年，在我担任学校团委书记、副校长的时候，这些校友的资料还是零零散散的；2008年，为了庆祝建校120周年，我组织一个小组，专门搜集和考证学校前身四所附中的历史，才找到了一批著名校友和他们的故事；只是在我撰写此书时，忆及当年这些校友给自己带来的感动与激动时，才情不自禁地产生了冲动。要对校友资料进行一番力所能及的系统整理，不为别的，只为让华南师大附中的后学们，能够更多地了解学校的前世今生，了解自己的校友在振兴国家和民族的历史过程中所做出的牺牲和贡献，激励自己能够继承和发扬校友们的精神、抱负和追求。

校友资料，是一种富含历史意蕴的教育资源。在华南师大附中校友的群英意象中，既有在民族斗争、革命战争中令人肃然起敬、回肠荡气的英烈事迹，也有在学术研究、科技开发中勇攀高峰、超越世界的傲人成就，更有在追求理想、实现抱负中不屈不挠、奋然前行的伟大精神。这些，就是学校积累的精神财富，就是学生发展的参照体系，就是学校优良办学传统得以传承和发扬的文化土壤。

三、师生意气

当时，给我以深刻教育和影响的不只是校史资料、校友事迹，还有那些闪现在历史风云中以及我在现实中耳闻目睹的师生意气。

在1949年中华人民共和国成立之前的百年变局中，历次历史浪潮都闪现着我们这所百年老校师生们意气风发、奋然搏击的身影——

在推翻封建帝制的广州起义中，他们抛头颅、洒热血，在黄花岗上英勇就义；

在辛亥革命的枪林弹雨中，他们奋勇当先、冲锋陷阵，拔下了清廷黄龙旗；

在1919年的五四运动中，他们痛击卖国贼，誓要维护国家和民族尊严；

在1925年广州的省港大罢工中，他们与学生、工人和市民一起勇敢斗争；

在1928年工农革命处于低潮时，他们毅然参加中国共产党，为新中国奋斗；

在中央苏区，在长征路上，在延安窑洞，都有他们浴血奋战、前赴后继的身影；

在抗日战争的战场上，他们高唱《黄河大合唱》要把侵略者赶出中国大地；

在敌后的残酷斗争中，他们保护了一批批优秀文化人士从敌占区安全转移；

在改天换地的解放战争中，他们把鲜艳的五星红旗插上了广州的高楼大厦。

……

在这半个多世纪的革命斗争历史中，这所百年老校的师生们，以国家、民族振兴为己任，不惜抛头颅、洒热血，书生意气，挥斥方遒，为我们的校史资料留下了浓墨重彩的篇章，为我们的后学树立了傲立天地的榜样。

新中国成立后，四校合并，华南师大附中创立。当时正值国家建设刚刚起步的经济困难时期，办学条件艰苦。但在学校领导班子的坚强领导下，全校师生员工意气风发、艰苦创业，努力为新中国创办出一所新型的社会主义学校。学校引领教师学习教育理论，树立新的办学思想，改革旧的教育教学制度，改革旧课程，创设新课程，建立教学研究室，加强课堂教学的研究，大力进行课堂教学改革。

为了更好地与华南师范学院互动，学校从广州市热闹的中山四路搬迁到石牌郊区。离开闹市到郊区，教师们二话不说，打起背包就出发，挽起袖管建校园，师生一起拓出一片人杰地灵的天地。

20世纪五六十年代相交之时，社会一片浮躁。王屏山校长以"要做教育家，不当教书匠"的情怀引领教师队伍，师生们沉下心来，潜心治学，在探索"课堂打基础，课外出人才"的培养方式、启发式教学的课堂活动方式、科技体艺特长培养方式等一系列的改革活动中，使附中成为岭南基础教育的一面红旗，校长王屏山代表全体师生出席了全国文教战线群英会，受到毛泽东主席等国家领导人的接见。

在"文革"十年的特殊岁月，频繁的学工、学农、学军等活动严重影响了学校正常的教育教学秩序。在特殊的环境下，师生们既充分利用艰苦的军训、劳动来刻苦磨炼自己，又不忘初心，教师们坚持自编教材开展教学活动，学生们坚持认真学习科学文化知识。

20世纪80年代初期，我已进入华南师大附中工作，亲眼见证了学校率先开展课外活动以发展学生的个性才能、拓展学生的发展空间；见证了学校开展分层教学改革，探索因材施教、个性化、个别化的培养方式。在许多学校以工业革命初期"劳动时间＋劳动强度"的原始方式来拼升学率的时候，学校却敢于坚持在农忙时间停课，组织师生到农村参加农忙劳动，在与农民的"三同"中磨炼自己，了解农村基层社会生活，认识我国"三农改造"的社会工程，并在高考中创造出优异的成绩。

……

华南师大附中建校以来，无论在怎样的社会环境中，师生们始终不忘初心，意气风发。师生创造着学校的历史，校史也留下了许多师生佳话。

在庆祝建校130周年的活动中，1962届高三（2）班的部分代表在母校举行了一个简朴而又隆重的赠旗仪式，学生们满怀深情地将当年的"王若飞班"班旗回赠给母校。

"我带了很多班，其他班是红旗班，唯有（2）班是以英雄命名。它不是一般的红旗班，是新的内容，给学生树立了一个榜样。'王若飞班'成立后，形成了'一帮一'或是'小组帮助部分小组'的学习氛围。当年高考成绩很不错，其中就有王若飞的精神鼓励。

毕业以后，这个班仍然存在，同学们仍然互相关心。现在我虽然70多岁了，但回想起这段人生经历却很有意义。"时任班主任曹觐赣老师在赠旗仪式中深情地回忆道。

能否真正称得起百年老校的盛名，不仅要看其创办时间，更要看其学校文化是否得到传承和发扬，看其师生情怀是否不忘初心始终不渝，看其培养出来的学生是否经得起历史的检验。

从格致书院到华南师大附中，从风雨飘摇的晚清末期到意气风发的改革开放时代，师生们一路走来，在历史的狂风骤雨中前赴后继，创办新学校、实施新教育的初心未改，并且不断充实新的时代内涵。历届校友，发扬着始终不渝的学校精神——以国家民族振兴为己任，不畏征途，奋然前行。这所百年老校，经得起历史的严正检验。

在担任学校团委书记时，尽管当时历史资料极其有限，我已经意识到要把整理学校精神、学校传统、校友事迹这篇文章做好，通过共青团工作把学校精神、学校传统、校友事迹在一届届的学生中传扬下来。

在担任学校主管德育工作的副校长时，我又把这一切纳入开发德育资源、构建学校德育工作格局的思想框架、工作体系中。然而，由于当时主客观因素的局限，这些校史、校友资料仍缺乏一个系统的整理。

时至今日，当我从工作岗位上退下来之后，在撰写本书时，才

华附学生到农村参加农忙劳动。从1990年开始，华附每年组织高二学生到农村参加1~2周的社会实践活动，坚持至今从未停顿。

华附学生全面发展，曾多次代表中国中学生参加国际中学生体育竞赛并获佳绩。

学校几乎每年都要组织艺术夏令营，这是暑假艺术教育研学活动。

得以重新进行一番整理。在整理过程中，我对学校历史中蕴含的格致精神有了更深入的认识；历届校友共同构成的群英意象，再次触动了我的家国情怀；而华南师大附中创办后在各种社会环境下呈现出来的师生意气，揭示了学校始终走在发展前列的活力所在。

我相信，这不仅仅是我个人的感受，也可以引起所有华附人的共鸣。

第二节　涵养科学理性

1979年，我担任附中团委书记；1980年，被任命为主管学生思想政治工作的教导处副主任；1984年至1996年期间，我担任主管德育工作的副校长。在这长达十七年的时间里，我从事和主管的都是学校的德育工作。

让我感到庆幸的是，这十七年的德育工作经历，没有让我变成一个僵化的说教者，没有让我变成学生眼中令人生厌的政教主任，而是让学校的德育工作在改革中开拓出新局面，在发扬优良办学传统、传承学校精神文化中发挥出应有效能；让我为担任华南师大附中校长做好了职前准备——奠定了学校德育工作领域的基本格局，可以更加从容地在教学工作、行政工作、后勤服务工作等其他工作领域全方位思考构建治校方略。

在这十七年当中，我感到尤为庆幸的是，在参加我国"六五""七五""八五"时期的德育全国重点课题研究中，得到了一批全国一流的德育专家学者的指导。他们的指导甚至是耳提面命，令我学会了如何在进行教育科学研究中，在尊重德育科学性的实践中涵养自己的科学理性，从而超越了朴素工作热情的局限，超越了现实环境的局限，开始了一个新的蜕变过程。

一、树立德育科学观

我国"六五"期间，学校成为全国重点研究课题"我国学校政治思想道德教育大纲的研究"的实验单位。此时，我正在担任团委书记和教导处副主任，既从学校共青团工作的层面参加课题研究工作，又配合学校组织高、初中实验班参加实验研究工作。

这项课题研究，由当时的中央教科所牵头，以北京师范大学、华东师范大学、东北师范大学和华南师范大学为主要研究单位，各自组织当地一批中小学作为实验研究单位，研究工作从1983年延续到1986年。

课题的研究目标，是针对当时广大中小学的德育工作无纲可依及无本可循的被动局面，由北京师大、华东师大、东北师大和华南师大各自研制一个面向中小学的"德育大纲"文本，然后提炼为一个全国统一的中小学德育大纲，为中小学德育工作提供一个具有规范作用的纲要文件。

其时，我国刚刚从十年"文革"中走出来，又走进了改革开放的新时代，社会正处于百废待兴之中。学校教育如何为实现我国四

作者说：教育值得一辈子去付出，所以我乐此不疲。

个现代化加速人才培养工程，迅速从一片混乱中走向有序发展，成为当时社会的关注重点。在学校教育中，尤其是德育这项重中之重的工作，如何澄清十年"文革"造成的混乱，朝向科学化发展，就成为一个极其重要的时代命题。

中小学各学科的教学，都有统一的教学大纲可依，有统一的教材可循。唯独德育，既无纲要可依，又无教材可循，导致从事德育工作的广大班主任以及学校各级德育管理人员，都处在"踩着西瓜皮，滑到哪里算哪里"这样一种没有具体规范要求的主观随意状态之中。

这项"六五"课题，就是试图改变中小学德育工作这种被动局面，通过制定德育大纲，建立起一个学校德育工作的新格局。

在参加这项课题研究中，我自己最大的收获，就是树立起德育科学观。

在研究中，研究人员共同确定了中小学教育中"德育"[①]的定义：德育就是关于思想、政治、道德和个性心理品质等方面的教育。[②]

这个定义的讨论过程，给了我三点重要启示。

一是关于教育内容的排序。原来的课题名称是"我国学校政治思想道德教育大纲的研究"，在《中学德育大纲》的定义中，"政

[①]　这个定义，与大学教材中的"德育"定义表述不同。两个定义分别从中小学教育实践与教育基本理论研究等不同视阈进行界定。
[②]　本定义源自1988年8月国家教委颁布试行的《中学德育大纲》。

治、思想"的排序换成了"思想、政治"。记得在课题研讨会上，专家学者们就"思想""政治"的排序问题进行了热烈、深入的讨论，最终确定了"思想、政治"的排序方式。一个简单的排列顺序，表面看来，似乎是一种文字游戏，但从实质上，却表达出那个特定的历史时期对"政治高于一切"的勇敢超越。

这让我深刻认识到，只有在研究中，才能深入把握住事物的本质意义。

二是关于德育的外延范畴，它包括思想教育、政治教育、道德教育与个性心理品质教育。在课题研究中，专家学者们进行过激烈的辩论。

有专家学者认为，德育不是一个筐，不能什么都往里面装。

有专家学者认为，中小学是一种基础教育，对学生进行思想、政治、道德、个性心理品质等方面的教育，都是不可或缺的。这些教育，如果用分科独立的形式进行，必将面对中小学课程体系重构后师资培养、教材编写、课时安排等这么一个庞杂的综合性工程，中小学教育的现实情况难以满足这个综合性工程的要求。从教育影响的角度来看，学校、班级进行综合性的教育活动设计，更符合德育的本质特征。

有专家学者建议，两种定义可以分别对应于中小学教育实践与教育基本理论两个不同的研究范畴。

在课题研讨会上聆听专家学者们的讨论发言、学术报告，对我而言，不亚于是在上研究生课程。这些讨论发言、学术报告，让我初步懂得了什么叫学术研究，要怎样进行学术研究。

三是把学生的个性心理品质教育正式纳入到中小学的教育中。在四所师范大学提交的"德育大纲"文本中，唯有华南师范大学的文本正式提出了把中小学的德育外延到学生的心理健康教育范畴。这是华南师范大学组织的研究者们因应广东这个改革开放前沿地区的社会生活实际提出来的。当"时间就是金钱，效率就是生命"这种新的"效益观"逐渐成为人们的普遍共识之后，一种高效率、快节奏的社会生活必然会产生一种前所未有的社会心理压力。如何提高社会成员的心理抗压能力，就需要从中小学教育抓起。

其后，在全国统一的德育大纲中，个性心理品质教育就正式进入到中小学德育的范畴。至今，心理辅导已经成为中小学教育中的一个重要组成部分。

在不断地聆听、学习、思考中，我发现了在中小学教育、中小学德育工作队伍中存在着的一种普遍现象：把德育简单地理解甚至是等同于政治教育。而在十年"文革"中，"假、大、空"的教育模式，成人化的教育内容，简单粗暴的教育方式，给社会造成了严重的伤害，在人们的心中留下了浓厚的阴影。及至学校恢复正常的教育教学秩序之后，曾经有一段时间，中小学校中出现了这样一种现象：好像没有教学能力的人才去从事政教工作，从事政教工作的人都是"政治小爬虫"，学校的政教主任令学生心生厌恶。

为什么会出现这样的现象？我党的政治思想工作，在我国的新民主主义革命时期曾经是克敌制胜的法宝之一，积累了丰富的成功经验——

　　土地革命时期，正是深入的思想工作，发动起广大农民群众投入到打倒土豪劣绅、反对封建主义的革命斗争中；

　　，在中国共产党和工农红军发展史上具有极其重要意义的古田会议，决议的中心内容之一就是强调思想政治建设是事关事业兴衰成败的根本性问题，要用无产阶级思想进行党的建设和军队建设；

　　长征路上，正是思想政治教育强化着红军的革命意志，鼓舞着部队浴血奋战，爬雪山，过草地，建立起延安根据地；

　　抗日战争中，正是思想政治宣传教育，把一盘散沙般的民众凝聚成为血肉长城，战胜了强悍的侵略者；

　　解放战争中，也是我党的思想政治工作，把被我军打败的国民党投诚人员改造过来，与解放军一起把红旗插上国民党的"总统府"，解放全中国。

　　……

　　这克敌制胜的法宝，这丰富的成功经验，为什么在这之后发生了严重的变化？我觉得，其中一个重要的原因就是停留在一种经验主义的局限之中，只是把思想政治教育作为一项工作而不是一门需要深入研究的科学，没有把这些丰富的历史成功经验进行一种理性升华。简单地说，就是忽略了思想政治教育工作的科学化进程。乃至到了和平建设时期，仍然沿用战时状态形成的经验；在学校教育中，仍然沿用在残酷的民族斗争、阶级斗争中形成的方式。

时代变了，对象变了，可思想政治教育工作的经验与方式却没有随之发生变化。这是不是造成异化现象的原因呢？

在学校教育中，一直存在着社会价值取向与个体价值取向的争论，也就是究竟是社会本位还是人本位？我想，社会价值取向与个体价值取向之间，不应该是一种非此即彼的二元对立关系，而是一种你中有我、我中有你的相互依存关系。那么，在学生的成长过程中，学校教育就不应该只是片面强调社会发展需要而忽略了学生的自我发展需要，甚至压抑学生个体的发展需求。

土地革命时期，农村的墙壁上到处刷写着这样一条标语："打土豪，分田地！"抗日战争要驱除侵略者，解放战争要把红旗插遍大江南北，就是要建立一个新中国，让人民过上好日子！如果忽略了农民"分田地"的需求，忽略了广大人民群众"不再挨饿，过上好日子"的要求，革命、斗争的目的意义又何在？

学校教育要重视学生的个体发展要求，学校德育应该体现以人为本的人文关怀精神——这就是我在参加"六五"课题研究中得到的重要认识，也是我在日后的学校德育中始终遵循的工作原则和行动准则。

二、认识德育过程的几种关系

"七五"期间，华南师大参加了当时由国家教委牵头组织的全国重点课题"我国中小学德育整体改革研究"的实验研究工作。这项课题是在"六五"期间北京师大、华东师大、东北师大和华南师大研究制定的中小学德育大纲研究成果的基础上展开的（1988年6月国家教委颁布了《中学德育大纲》《小学德育纲要》和《中学生日常行为规范》《小学生日常行为规范》等四个文件）。

在参加课题研究中，结合自己的工作实践，我总结出德育过程应该把握、处理好的几种关系，写成《在动态中研究和处理好德育工作的种种关系》一文，被收录在《新时期学校德育的认识与实践》①一书中。

（一）学校管理与学生自治的关系

办好一所学校，除了要有正确的教育思想和优质的师资队伍以外，还有赖于严格的科学管理。管理不善，师资、设备的水平不能有效地发挥，教育思想也难以体现。加强管理，是当前进一步提高教育质量的关键之一。

注重培养学生干部，放手让他们在实践中锻炼，提高学生的

---

① 李锡怀、周国贤主编：《新时期学校德育的认识与实践》，广州：广东教育出版社，1991年。

自治自理能力，发挥学生的主体精神，形成学生工作生动活泼的局面，是我校优良的办学传统，是新时期学校德育工作改革的一项重要目标。

在改变过去那种"保姆式""警察式"的教育管理局面时，由于经验不足而出现一些问题是难免的，因为指导不力而指责教师"放任自流"是不应该的。要学走路，就免不了要摔跤，不能因为摔跤了，便听到风就是雨，出了点差错就议论纷纷，弄得教师们压力很大。当然，有没有借口让学生自治自理而自己撒手不管、放任自流的呢？也许会有，但这只是极个别的情况。

学生有强烈的自主愿望，但对真正的民主则缺乏正确的认识，对怎样行使民主权利也缺乏必要的知识和实践经验，我们在提倡学生自主、自治、自理、自律的过程中，要切实加强民主意识、法制观念的教育，以端正和加深学生对社会主义民主的理解，增强法制观念，自觉遵纪守法。

校园中，应该既有提高民主意识法制观念的教育，又有培养民主习惯的锻炼机会，这是造就具有较高政治素质的一代新人所必需的。

（二）灌输与疏导的关系

某些传媒片面强调疏导，使人们以为，思想政治工作就是疏导，而不需要系统地向青少年灌输马列主义毛泽东思想，系统地灌输被说成"枯燥的说教"。这是一种不正常的现象。

青少年学生，尤其是中学生，正处在长身体长知识、形成世界观的重要发展阶段。他们知识面窄，社会阅历浅，对马列主义缺乏了解，辨别是非能力较差。不失时机地向学生讲授必要的理论，让他们略知一点马列主义的基本知识，提高学生的辩证思维能力，甚至培养出一批青年马克思主义者，也是新时期共青团工作的重要任务。

实践证明，灌输和疏导是学校德育工作的一体两面。坚持系统地宣传马列主义毛泽东思想，使学生们了解马列主义的基本知识，同时，对学生中存在的各种现实思想，积极地、耐心细致地加以引导，让他们在学习马列主义和对现实问题的思考及社会实践中，在比较和探索中，通过正反两方面的体验来提高自己的政治思想觉悟。在这个问题上，操之过急而采取简单粗暴的强制手段不行，熟视无睹而放任自流也不行。

总之，我们必须正确地理解和贯彻党中央提出的思想政治工作的指导方针，把灌输与疏导紧密地结合起来。

（三）思想教育与行为训练的关系

在学校教育中，存在思想教育和行为训练两种教育形式，有时候甚至构成了教育过程的两个环节。忽视了哪一个环节，都不可能有高质量的教育。

　　而在学校德育实践中，却容易出现这样两种倾向：一种是片面强调思想教育，轻视行为训练，轻视实践锻炼，以为只要认识解决了，思想通了，就可以一通百通，行为自然会规范化；另一种是过分重视行为训练，轻视行为训练中的思想教育，不肯下功夫启发提高学生的觉悟，激励他们以正确的思想观点去指导行动，以顽强的意志毅力去培养良好的行为习惯。

　　教学过程中的作业练习和实验训练，德育过程中的行为习惯培养和社会实践活动，体育过程中的体能技能训练，都带有一定的强制性和规定性，在这些方面，要体现一个"严"字。不严格要求，不严格训练，就不可能有良好的规范，包括作业规范、道德规范和动作规范等。

　　但是在思想教育中，在帮助学生掌握文化知识、政治知识、体育知识的认识过程中，要体现一个"宽"字，也就是说，要有一个鼓励思考、允许争论、允许不同意见的存在和交锋，甚至允许认识有失误的宽松环境。学生的思想认识问题，只要不是涉及对党对社会主义的根本立场和政治原则问题，都应允许讨论，允许发表不同意见，允许保留不同见解，允许对正确观点有一个理解、消化、体验的过程。

　　我们既要有坚决的态度，敢于理直气壮地宣传"四项基本原则"，进行马克思主义教育，又必须注意采取恰当的教育方法，消除学生的防御、戒备甚至是逆反的心理。坚持严宽结合的原则，既重视思想教育，又抓好行为训练，做到知行统一。

（四）集体主义教育与个性发展的关系

集体主义是社会主义道德的核心，集体主义教育始终是学校思想教育的一项重要内容。与个人主义相对立，集体主义是共产主义思想体系的重要组成部分，是建设社会主义的思想基础。

不应否认，在一段时间里，集体主义教育也存在偏差，片面强调集体利益，否定个人利益，过分强调共性，轻视了个性；在某些领域中不恰当地夸大集体作用而忽视个人主观能动性的发挥，存在着以一个模式去塑造千百个具有不同特点学生的弊端，不同程度上压抑了个人特长的发挥和良好个性心理品质的形成与发展，在一定程度上妨碍了人才的成长。

我以为，集体主义主要指的是处理个人与集体关系的准则，是以集体利益为重，个人利益、少数人的利益要服从多数人的利益，并不是要否定个人利益，抹杀个人见解，削弱个人特长。

人本来就存在个体差异，不同的天赋、不同的成长环境造成了人的个性、才能的差异。承认这种客观存在的个体差异，培养和发展符合国家和集体利益的个性特长，是造就有特色有作为人才的应有之义。如果青少年个个都是同一副面孔，只有同一种爱好，只会同一种本领，具有同一种性格，那么，人类社会将不会像今天这样多姿多彩。

2010年参加教育部校长培训中心20周年庆典。左起依次为浙江杭
州二中叶翠微校长、东北师大附中孙鹤娟校长、华南师大附中校长
吴颖民、华东师大党委副书记马钦荣、上海市教委副主任尹后庆、
中山纪念中学校长贺优琳。

2006年秋，华南师范大学校长培训中心组织首批广州市中小学优秀校长赴美国培训，这是当年代表团全体成员与美国范德堡大学皮博迪教育学院专家、田纳西州纳斯维尔市教育局长合影。

发展个性，并不意味着提倡道德准则的多元化，也并非提倡离开社会主义共同理想的个人自由发展。社会主义制度下的个性品质，应该是符合绝大多数人利益的、遵循社会主义道德准则的个性品质，是遵循集体主义、爱国主义、社会主义原则的个性品质，不能离开这些原则去奢谈个性。

加强集体主义教育，培养集体主义思想，与发展学生个性才能不是对立的，而是统一的，都是为培养造就全面发展、学有专长的一代新人服务的。正确地认识和处理好两者的关系，对于当前的教育教学改革有着重要的意义。

（五）关于竞争与合作的关系

开放改革，面向世界，发展社会主义商品经济，需要有竞争意识，而竞争意识的强化又反过来促进商品经济的兴旺发达。长期以来的自然经济，缺乏活力的计划经济，以及对市场经济的否定，使我们的民族文化中缺少竞争的观念，这种缺陷已经使我国经济的发展走了一大段弯路，吃了不少亏。因此，要适应和推动社会主义商品经济的繁荣，就必须在学校教育中培养新一代具有竞争的意识观念。

当前，从整体上讲，竞争意识的培养不是过了头，而是还不够，缺乏深度。不少学生的竞争意识，只停留在个人之间的比高低、争名次的层面，对同学相互之间的协助、合作缺少必要的认识，对未来社会的融合发展缺乏必要的认识。

20世纪以来，在科学发展史上，出现了大量学科之间相互融合发展的边缘学科。如果没有学科之间的合作与融合，就不可能有边缘学科的出现。合作互助，融合发展，是20世纪科学发展史上的主流意识。当今科学技术的重大突破，越来越依赖于多学科的协作、集体攻关，而不是个人包打天下。

我们在提倡竞争、鼓励学生敢于冒尖的同时，必须要加强在互助、合作方面的引导，这不仅是我们社会主义制度所决定的价值观念、利益原则和人际关系特征，也是未来人类社会发展的必然要求。

尤其是在重点中学，我们的学生在将来对我们国家、人类社会的发展可能发挥出重要的影响，如果他们只懂得局限在个体利益中去拼搏、去奋斗、去竞争，而缺乏互助、合作的精神与品质，这种人格缺陷必将对社会产生极大的负面影响。

《在动态中研究和处理好德育工作的种种关系》一文中，我还结合当时的社会现实，讨论了"关于打好思想基础与培养活动能力""关于理直气壮与心平气和""关于坚持'四项基本原则'与贯彻开放改革搞活的方针""关于反对资产阶级自由化与民主和谐教育环境的创造"等问题；并在"关于学校育人良好环境的基本特征"的讨论中，提出了适应"三个面向"要求的"四有"新人的学校教育环境，应当具有开放、民主、和谐、宽松、有序的基本特征。

今天，在撰写本书时，重新审视以往的思想观点，尽管当中仍有许多稚嫩之处，可幸没有什么偏颇之言。作为一个德育工作者，我在形成这些思想观点的过程中，完善了自身的基本素质，提升了自己的理论素养，为自己的德育工作实践增添了科学理性。

三、形成"立志成才"的理想教育主题

"八五"期间，我校又参加了由华南师范大学教科所李锡槐教授主持的全国重点课题"我国开放地区中学生社会理想教育研究"的实验研究工作。其时，我已经是主管学校德育工作的副校长，在组织学校相关力量参与实验研究的过程中，自己也撰写研究论文，并在该项研究成果《社会理想教育新探》①中撰写了第七章"社会理想教育要贯彻在学校工作的各个方面"。

（一）形成"立志成才"教育主题

通过参加该项课题研究，我对"理想教育"的问题有了更深入的认识，也对学校如何开展理想教育有了自己的一些基本设想。

理想教育，本来就是学校德育一项必然的内容。但是，在20世纪八九十年代相交之时，学校德育，学校的理想教育，却显得好像理不直、气不壮。造成这种现象的原因是多方面的。

---

① 李锡槐等：《社会理想教育新探》，广州：暨南大学出版社，1994年。

首先，固然有过往历史的原因。那就是"文革"期间那种"假大空"的教育模式在人们心目中留下的心理阴影，使人们不太敢触碰诸如理想教育之类所谓空空洞洞的问题。虽然"文革"已经结束十多年了，那种心理定式让人们仍然害怕重蹈"假大空"的覆辙。

其次，也有社会现实的原因。党中央提出了以经济建设为中心的基本国策之后，让一些人对政治产生了误解，尤其是对政治教育产生了认识误区，以为搞经济建设才是扎扎实实的，导致思想教育、政治教育、道德教育等都出现了被边缘化的现象。

再次，还有学校教育自身的原因。自从社会向学校提出了为实现四个现代化而多出人才、快出人才的要求之后，对"人才"的认识进入了等同于"升学率"的误区，导致学校中出现了片面追求升学率的现象。当学校教育的本质被升学率扭曲了之后，有关学生的思想品质、政治品质、道德品质培养也就不得不让位于对升学率的追求了。

当然，当中也有学校德育自身存在的问题。由于以往的学校德育仅被看作是一种工作而不是一门科学，造成了学校德育的行政化倾向而忽略了科学化要求。由于缺乏深入的研究，导致工作实践缺乏科学理性指导，在对学生的理想教育问题上，出现了教师用一些连自己也说服不了的空洞说教来教育学生的尴尬现象。这样的教育，由于既没有深度——深入学生的心坎中去，也没有高度——体现出德育的本质要求，也就难以保证其信度和效度了。

学校教育，不仅仅是让学生收获其知识，娴熟其技能，更要强壮其体魄，充盈其精神，纯洁其品行，激发其抱负，持续其追求。

在理想教育问题上，华南师大附中有着悠久的历史传统，校友们的群英意象也提供了丰富的教育资源。但是，在新的社会环境中，如何将这些以国家和民族振兴为己任的社会价值取向，与学生追求自我发展的个体价值取向有机地统一起来呢？这种理想教育的"把手"在哪里？

在思考这些问题、总结学校以往丰富经验的过程中，我们找到了一个可以将学生的个体价值取向与社会价值取向有机结合在一起的主题：立志成才。

立志成才——要有理想，有志向，让自己成为一个能够充分显示自我存在价值的人才。这是一种共同理想，它既能满足学生的自我期望，也能满足家长的家族期望，以及社会对未来建设者的期望。成才要求，把学生、家长和社会的利益有机整合在一起。

"立志成才"这一教育主题确定之后，我们进一步围绕"为谁成才""成什么样的才"和"如何成才"三个主题构建"立志成才"教育内容体系。

"为谁成才"要解决的是成才教育中的核心价值取向；"成什么样的才"，要解决的是人才的规格、标准问题；"如何成才"，要解决的是方法、途径问题。就这样，我们把空泛的理想教育转化为一个包括抽象的价值观念到具体的规格标准、方法途径的一种教育模式。

据此教育模式，我在《社会理想教育新探》一书的第七章中，从"德育工作系统""学科教学"和"课外社会实践活动"三个方面建构了一个"立志成才"的教育操作系统。

（二）在德育工作系统中强化理想教育

学校的德育工作系统，包括班级工作，以及共青团、少先队、学生会工作等构成部分。

1. 班级工作

班级是学校的基层组织，是实施各项教育的基本单位和实体，是学生成长的重要园地。班级教育是学校教育的主要渠道之一，是进行日常思想品德教育和指导学生健康成长的最重要途径。班级的理想教育工作，体现在以下几个方面。

一是通过树立班集体建设的共同理想，确立班集体在不同发展阶段的奋斗目标，以班级全体成员的共同追求为学生个体的理想追求营造一种朝气蓬勃、积极向上的群体氛围；

二是通过培养造就一支朝气蓬勃、品学兼优、富于奉献精神、踏实肯干的学生干部队伍，以排头兵的榜样示范作用带动全体班级成员的共同追求；

三是建立健全班级规章制度，发挥制度文化的导向功能，通过班级生动活泼的思想、道德、学风、纪律建设发挥班级环境的熏陶功能；

四是通过班会、班课等活动设计发挥学校教育的主导功能；

五是通过加强对学生的个别教育工作加强教育的针对性，加强对学生个体差异性的发展之道。

2. 共青团工作

共青团是青年的先锋队和党的后备军，在中学生中发挥着先锋、模范、桥梁的核心影响作用。突出抓好理想信念教育，是共青团工作的首要任务之一，具体体现在以下三个方面。

一是在团组织生活的内容设计上，要坚定共产主义信念，坚定为社会主义现代化、为共产主义美好未来而奋斗的理想。

二是在团干部队伍建设上，要培养胸怀大志、富于献身精神的品质意志，发展优秀的团干部加入中国共产党，在学生身边发挥榜样的感染、激励作用。

三是在团外青年学生的团课教育上，力求以通俗易懂、深入浅出的道理和生动活泼的形式来吸引团外青年，在积极活跃、民主宽松的气氛中，让青年学生加深对共产主义世界观的认识和理解，培养造就一大批有理想有抱负、富于奉献的青年积极分子。

3. 少先队工作

在中学初一年级阶段仍然保留着少先队建制，他们是"新"中学生，又是"老"少先队员。怀念少先队生活，向往共青团组织，是这部分中学生的普遍心态。中学少先队的工作要针对这个学生群体的心理特点，组织好业余团校和团课学习小组的活动，通过系统介绍共青团的知识，让队员了解共青团的性质、理想、抱负，以活生生的榜样激发起少先队员"我也要像这些哥哥姐姐一样"的愿望，为远大理想的确立打下基础。

4. 学生会工作

学生会是全体学生参加的群众性组织，是学生自己教育自己、自己管理自己的重要形式，要引导学生会主动积极地配合学校和年级各个阶段的教育中心任务和重点工作，变被动接受教育为主动参与教育。

一是启发学生会自己组织开展教育活动，应尽量避免由学校发号召下命令的做法，由学生自行组织。

二是引导学生会和全体学生关注校园生活和社会生活的重大事件，尤其是思想政治领域的动向，增强是非美丑的识别能力，培养关心国内外大事的良好习惯。

三是帮助学生会建立表彰奖励制度，经常把德才兼备、又红又专的优秀典型树立起来，大力宣传，成为人人皆知的学习榜样。

四是让学生会组织参与学校教学、德育、体育卫生、后勤服务、内宿生管理等工作，组织发动学生参与学校管理，培养学生的民主管理精神。

五是开展社团活动，活跃学校课余生活，激发学生的业余爱

应华附志的一个小请求，吴颖民校长最后一次娓娓道来"三点内容"，提出他对毕业生和在校生的三点希望，且与世界各地的华附人分享！

2012年底，参加高三某班迎新年联欢会时向同学们表达新年祝福。

2008年元旦前夕，作者参加高中班级迎新年联欢会时与同学们一起玩游戏。

好，发展学生的个性特长。

当青少年学生全面而深刻地认识自己的优势及其存在价值的时候，他们的理想发展水平必然会大大提升。

（三）在学科教学中贯穿理想教育

课堂教学在学校中是占时间最多的活动，是实施学校教育、实现学校培养目标的主渠道。学校德育只有寓于各学科教学活动之中，才能提高整体效益。

中学的学科课程，按其德育功能划分，可分为专司德育的思想政治课与其他课程两大类；在非专司德育的其他课程中，又可分为"文科""理科""体育、艺术、劳技科技"三类课程。

1. 课程的德育功能

课程不仅仅是传授知识的，还具有自身的德育功能。在中学开设的各门课程中，除了思想政治课是一门比较系统的对学生进行社会主义思想品德和政治教育的课程外，其他各学科课程，同样蕴含着大量有关价值观、人生观和世界观的德育内容。

知识是人类社会创造的。人类知识的发展史，就是一部人类社会文明的发展历史。以知识为载体，让学生通过学习知识、掌握知识，了解知识中隐含着的世界观、思维方式和思想方法，了解知识的发展历史，就是一个传承人类精神文明的教育过程。

知识的创造过程，是通过具体的人物、事件和过程来实现的。

通过传授知识，让学生了解具体人物在创造知识过程中的艰辛历程、创新精神甚至是献身精神，就是一种具体的人格教育和理想教育过程。

各个学科课程都必然贯穿有学习目的、学习动机等方面的教育，贯通激发学生学习动力、挖掘学生发展潜能等方面的要求。这些教育和要求，就在教学过程的潜移默化中发挥着学校德育的功能。

在学习过程中，学生会遇到各种各样的问题，会有成功的体验，会有挫折的教训，甚至是失败的煎熬。这是人类文明发展过程中的心理历程，是人类的社会遗传性要求学生必经的个体意识发育过程。

在教学过程中，教师散发出自身对所教学科的炽热感情，体现出对科学精神的尊重与敬畏，表现出对学生的严谨要求和尊重理解。这就是教师以自身的人格魅力对学生进行的言传身教。

因此，充分发挥和运用各学科教材中的德育功能，自然巧妙地在教学中结合和渗透爱国主义、集体主义、社会主义和共产主义人生观、世界观的教育，体现辩证唯物主义和历史唯物主义基本观点的指导，促进学生理想的发育和成熟，不仅是必要的，而且是可行的。

各门学科课程在知识体系、思维特点、教学要求等方面都有自身的课程特征，必须尊重学科特点，根据学科要求，从不同方面、各有侧重地体现理想教育的要求，实现理想教育的目标，使学科教学与理想教育之间体现出一种相互依存、和谐自然的结构关系。

2. 思想政治课

思想政治课是向学生较为系统地进行社会主义思想品德和政治教育的一门课程。它以课堂教学为主要形式，把马克思主义的理论观点和社会科学基础知识传授给学生，从世界观、人生观、认识论等方面为学生树立自己的生活理想、职业理想和社会理想打下思想基础。

在初中的思想政治课中，初一年级的教材内容是公民教育，初二年级是社会发展史，初三年级是中国社会主义建设常识。在高中的思想政治课中，高一年级讲授的是经济学常识，高中二年级是哲学常识，高中三年级是政治常识。[①]

在这样一个知识结构中，不同的教学内容从不同侧面对学生的理想形成产生着影响。公民教育提出了"做一名社会主义中国好公民"的标准和要求，从公民的社会规定性方面为学生的个体理想形成提供一个参照系；中国社会主义建设常识、经济学常识、政治常识等内容，从经济、政治的社会现实方面为学生的个体理想怎样与现实生活相结合提供了一个认知框架；社会发展史、哲学常识则从历史唯物主义、唯物辩证法方面为学生对个人理想的思考提供了一

① 文中涉及的各学科教学内容，皆以1994年《社会理想教育新探》一书出版时的中学教材为依据。

华南师大附中每学年都会举行一次学生代表大会，"附中论坛"是大会一项重要活动，也是学生对学校工作表达意见、建议的平台。论坛话题涉及德育、教学、生活、管理各个领域。这是作者在2005—2006年度学代会上与学生互动。

种思辨方式，一种认识方法和思想方法。

学生的个人理想，无论是生活理想、职业理想或社会理想，都不是凭空产生的，而是在一定的社会现实、生活土壤中生成的；学生在形成自己的个人理想时，也不是可以天马行空般封闭在个体的主观想象中，还要接受社会规定性的要求以及面临许多主客观条件的限制；如何处理理想与现实的关系，如何接受社会规定性的要求，如何超越各种主客观条件的局限，就取决于个体的思辨方式、思想方法。思想政治课，就在这些方面体现出对学生个人理想形成的影响。

3. 文科课程

中学的文科课程，通常指的是语文、历史、地理、外语等学科课程。其对学生理想形成的影响，主要体现在人文精神的培育上。

语文课程的教材，古今中外名篇荟萃，每一册课本都由几十篇文质兼美的文章组成，在某种程度上说是一套思想、政治、道德、伦理、历史、生活的百科全书，是一个文化的复合体。教材通过作者对中外历史人物的刻画，对历史事件的描述，对人物事件的评论，对优秀历史文化和秀丽山川大地的描画和赞美，影响着学生的情感、态度与价值观。

历史地理课程的教材，从时间与空间两个维度，帮助学生构建一种透视人类社会千万年历史、俯瞰全球世界千万里河山的认识视野和心胸格局，树立不同种类文化多元共存、不同生态环境唇齿相依的全球化观念。

外语课程的教材，通过教授不同种类的语言，了解不同民族的文化，帮助学生形成吸纳不同民族文化精华的开放、兼容态度，形成跨文化学习、跨文化交流的能力和技巧。

上述这些情感、态度与价值观，这些认识视野和心胸格局，这些跨文化的能力和技巧，深刻影响着学生的理想和信念。

4. 理科课程

中学的理科教学，通常指的是数学、物理、化学、生物等学科课程，其对学生理想形成的影响，既有人文精神的影响，也体现在科学精神的培养上。

来自不同民族、国家的科学家们，都以追求真理、为科学献身的精神激励着学生学习和传承这种人类社会可贵的精神财富。

在课程学习中，世间万物的数量关系、空间关系，各种物质的物理形态、化学形态、生物形态等，为学生认识客观世界、把握主观意识和客观现实之间的关系提供了途径和方法。

各门课程知识体系中严谨的逻辑结构、定理体系，强化着学生思辨的逻辑要求、规则意识，培育着学生的科学理性。

运用知识解决问题的过程，既让学生积累着解决问题的技能技巧，也培育着学生的求真精神、创新精神。

上述这些科学家的榜样、认识客观世界的途径和方法、逻辑要求和规则意识、求真精神和创新精神，培育着学生的科学理性，为学生的理想信念从空洞走向具体提供了一个现实模块。

5. 体育、艺术、劳技、科技课程

这些课程，在学生的理想形成中也发挥着不同方面的影响。

体育课程中的体质体能训练，体育锻炼和体育竞赛，是培养顽强意志和拼搏精神的重要途径；其中的集体项目，能培养学生团队意识、协同精神。这些，无论是对学生的现实处境抑或未来的人生道路都是至关重要的。

音乐、美术等艺术课程中的审美教育，在让学生学会欣赏美、创造美的过程中，为"美好"这个抽象概念注入一种现实的表现形式，让学生学会在生活层面产生审美体验，在精神层面追求审美意境。

劳动技术课程，通过让学生了解劳动技术在推动社会生产力发展中的巨大作用，在个体生活中不可或缺的意义，对学生进行基本的生活技能、劳动技能培养，在提高学生基本的生活能力、劳动能力中增强其应对复杂生活环境的生存能力。

科学技术课程，通过让学生了解现代学科技术在社会生活、社会生产劳动中的广泛应用，让学生了解、掌握与自身学习、生活相关的科学技能，提高融入现代社会发展中的能力。

上述这些课程，在学校的理想教育中属于一种隐性课程，它们以一种潜在的方式对学生理想形成产生着自身的影响。如果硬要把这些课程教育与理想教育一一对应起来，未免过于生硬，变成了一种形式主义的弊端。但是，它们的影响作用是实实在在的，是不可

忽视的，我们只能用"随风潜入夜，润物细无声"的方式发挥它们的影响。对学生个体意识的影响，有时候，润物无声比刻意教育更能发挥作用。

（四）在课外活动和社会实践中加强理想教育

课外活动和社会实践，是学生增长才干、开阔眼界、形成专长、认识社会的重要途径，是引导学生确立远大理想的重要教育环节。

兴趣爱好是学生个性的重要表现，也是影响学生成才方向的重要因素。心理学研究表明，兴趣在学习中是最活跃的因素，是带有情绪色彩的认识倾向。要激发学生勤奋学习的动机，必须以兴趣作为内在"激素"。课外活动，是发展学生的兴趣爱好、形成某一方面特长的广阔天地，也是学生职业理想的摇篮。注意研究学生的课余兴趣，适当组织像小制作、小展览、小论文、小发明之类的活动，让学生表现和发挥自己的兴趣和才能，丰富学生的课余生活，促进学生课余兴趣爱好的发展，并有意识地加以引导，使之与社会需要紧密联系起来。

社会实践是中学生了解国情、认识社会必不可少的重要一课，对于培养学生的爱国情感，增强为人民服务、为社会尽责的责任感十分重要。没有对社会的深刻了解，没有对青年人社会责任的强烈感受，要树立起高尚的社会理想是不可想象的。学校和班级要高度

一年一度的"青春旋律"艺术节晚会是最受学生欢迎的学校大型活动。图中学生直播团队正为晚会的网络直播紧张工作。

重视社会实践活动的组织实施，精心安排好军训、公益劳动、社会调查、社会服务、访问英模、慰问残疾儿童和孤寡老人、远足考察、学工学农等活动，使学生在学期间，就了解社会实际，关注社会变化，少一点书生气，多一份责任心。

现在看来，当年我在主管学校德育工作时对学科教学、课程教育所做的这些研究，虽然是肤浅、粗糙的，但却令我在思考学校德育问题时，在学校的德育工作实践中，产生了一种"跨界"行为。其实，在学校教育对学生产生影响时，教书育人本来就是"一体两面"的统一体。

我认为，在学校教育中，根本不存在只教书不育人的现象。因为，早在18世纪，德国著名的哲学家、心理学家和教育家赫尔巴特就说过："我想不到任何无教学的教育，正如相反方面，我不承认任何无教育的教学。"

为了更深入地把握事物的本质、特点、发展规律、原理与原则，学术界把德育与教学作为两个研究对象，划分为两个研究范畴；在学校教育实践中，人们也就循着这种学术划分建立起德育与教学两个工作系统。

学术研究中把研究对象区分开来作为两个学科进行分门别类的研究，是学术发展的需要，体现了研究精细化的学术要求。但在学校教育实践中，德育与教学这两个工作系统的划分，就人为地把这个"一体两面"的统一体切割为各自分离的两个部分，不但在具体操作中由于主观因素的局限而造成了内耗现象，更衍生出只教书不育人这样一种非本质认识。

正是因为这个时期的研究，令我在走上校长的领导岗位之后，在制定自己的办学方略的时候，有了一种科学理性的基础，在引领华南师大附中的发展中有了一种"不畏浮云遮望眼，只缘身在最高层"的自觉把握。

第三节　构建学校德育体系

　　自从参加了我国"六五""七五""八五"期间的全国重点课题研究之后，我对学校德育问题的研究已经开始积累了一些理性认识。1991年出版的《新时期学校德育的认识与实践》，收入了我的《在动态中研究和处理好德育工作的种种关系》一文；1993年出版的《中学德育大纲论文集》①，收入了我的《高中学生政治方向教育的两条重要途径》一文；1994年出版的《社会理想教育新探》，收入了我的《社会理想教育要贯穿在学校工作的各个方面》一文。在这些论文的基础上，我对学校德育问题的思考，进一步摆脱了零零散散状态，开始运用系统论的思想进行整体思考。尤其是在主管学校德育工作副校长的工作岗位上，我着重思考应该如何构建学校德育体系的问题。

----

① 　张志义、齐炘编：《中学德育大纲论文集》，北京：教育科学出版社，1993年。

　　长期以来，学校德育严重受到行政模式的影响而忽略了对教育规律、德育科学的必要尊重，尤其是班级德育工作，常常流于一种行政管理状态，缺少深入的研究，以致出现大量"踩着西瓜皮，滑到哪里算哪里"的失范现象，导致德育的实效性受到严重影响。

　　我认为，德育体系建设，是学校当前一项比较薄弱的基础工程，我们迫切需要通过对学校的德育目标序列、德育内容序列、德育活动体系等方面的建设，让学校德育进入一种科学有序的轨道，充分发挥出学校德育的应有功能。

　　德育目标序列，犹如学科教学中的教学目标，对不同年级、不同范畴的德育工作发挥一种导向规范功能。

　　德育内容系列，犹如学科教学中的教材课本，是德育目标的现实载体，为学校德育工作者提供具体资料。

　　德育活动体系，犹如课堂内外的教学活动系统，为学生参与德育活动提供不同的情境、途径和活动方式。

　　这些基础工程，必须是以学校为主体来实现的。至于德育过程中的德育方法问题，由于受到具体的人、事、情等众多主客观因素的影响而具有极大的不确定性，学校需要通过相应的培训引导，让学校德育工作者对各种德育方法有相应的认识和了解，在具体的德育过程中发挥自身的教育智慧，灵活、有效地选择最佳的德育方法。

一、关于德育目标序列建设

在参加我国"六五"期间教育部重点研究项目"我国学校思想、政治、道德教育大纲的研究"以及"七五"期间由国家教委主持的国家级重点研究项目"中学德育整体改革的研究"的课题研究中，我对中学德育目标的问题有了更深入的认识和理解。

（一）德育目标的序列性

学校德育目标，是对学生在思想、政治、道德、个性心理品质等方面的发展提出的规格和要求。

这些规格要求是否合理、科学，取决于我们在提出这些规格要求时，是否尊重了学生的身心发展规律，是否尊重了学生个体的认知发展规律。

为什么我们讨论学校德育目标问题时，要使用"序列"而不是"系列"的表述方式呢？因为，这两个词都具有"排列"这一共同词素，所以"序列"比"系列"更强调排列对象之间的逻辑关系。

学生在初中一年级到高中三年级的不同求学阶段，其身心和认知皆处于不同的发展水平，因此，从初中一年级到高中三年级，就构成了一个发展水平不断提升的纵向发展序列。

在思想、政治、道德和个性心理品质等不同教育范畴中，学校对不同年级的学生有着不同的要求；每一个教育范畴，无论是思想、政治、道德或个性心理品质，也就各自构成了一个从初中一年级到高中三年级的发展序列。在每一个范畴中，学生的发展则会呈现出一种螺旋式上升的态势。

如果把学生在思想、政治、道德和个性心理品质等不同的发展方面看作是一个横坐标，把初中一年级到高中三年级看作是一个纵坐标，我们就可以设计出一个具有纵横结构特征的德育目标序列，见表2-1。

其实，在学校的教学活动中，各个学科的教学目标都具有一种纵横结构性，它可以成为我们在设计学校德育目标序列时的参照系。

表2-1 "德育目标序列"结构

年级	思想	政治	道德	个性心理品质
初一				
初二				
初三				
高一				
高二				
高三				

（二）德育目标设计中的"破"与"立"

在研究设计学校德育目标的过程中，我们反思了新中国成立以来学校德育的发展过程，在总结成功经验的基础上，我们针对其中一些违反教育规律、无视学校实际的弊端，进行了必要的"破"与"立"。

首先，破除以单一的政治教育代替整体德育的片面德育观，确立全面、完整的科学德育观。众所周知，在某个历史时期，社会出现了以单一的政治教育代替整体德育的片面现象。实践证明，这种片面的德育观不但给学校德育工作自身造成了极大的伤害，也给学生的发展造成了严重的扭曲。针对这种历史教训，我们在设定学校德育目标时，把学生在思想、政治、道德和个性心理品质、学业等诸方面的发展作为一个有机整体，以保证学校德育的完整性和学生素质发展的全面性。

其次，破除大而空的思维模式，确立尊重现实可行性、尊重学生个体意愿的思想原则。回顾新中国成立以来学校德育的发展历史，我们发现，曾经在相当一段时间里，学校德育只是强调理想化的要求而超越了社会发展的现实水平，只是强调社会的统一要求而忽视了学生个体的合理要求，形成了大而空的思维模式，直接影响着学校德育的实效。为此，在研究学校的德育目标时，我们进一步提炼出"为振兴中华立志成才"的主题，形成一个包括行为特征、心理素质、思维质量、理论素养、践行能力等方面的德育目标系列，使教育者和教育对象都有一个可以具体把握的目标、准则和要求，从而提高了学校德育目标的感召性、现实可行性和可操作性。

最后，破除成人化、"一刀切"的弊端，建立具有层次性和发展性的年级德育目标序列。从初中一年级到高中三年级，学生的年龄跨度有六年。在这六年中，从生理、心理、认知等方面发展的角度来看，学生要经历青春发育期中许多重大变化；从政治成长的角度来看，学生要经历退出少先队、靠拢共青团，甚至接近党组织的发展阶段；从人生历程的角度来看，学生要经过初中毕业、高中毕业两次升学或就业的人生重大抉择。因此，在这六年当中的不同阶段，学生都有不同的特殊需求，都会遇到不同的问题，都需要具体细致的指导。而以往那种成人化、"一刀切"的弊端，模糊甚至是无视中学生在不同发展时期的特殊需要，明显违反了因材施教的要求，自然也就影响到德育的实效。为此，我校制定了从初中一年级到高中三年级的德育目标序列，根据不同年级的特点和学生的特殊需要，确定不同的教育目标和教育重点，确保我们尽可能可以因应不同年级学生的特点与要求给予具体的教育和指导。

（三）德育目标设计的参照与依据

在设计学校德育目标时，我们参照国家教委在1988年6月颁布试行、1995年2月正式颁发的《中学德育大纲》在德育目标方面的要求，以及《华南师大附中十年改革发展规划纲要（1991—2000年）》提出的发展目标要求。

《中学德育大纲》在德育目标方面，只提出了初中阶段和高中阶段的整体目标，并没有提出具体年级的德育目标。为什么在全国统一的《中学德育大纲》中，只提出了初、高中学段的整体目标而没有提出具体年级的德育目标呢？

记得，在参加"六五""七五"期间有关《中学德育大纲》课题的研究中，专家、学者们对要不要设计具体年级德育目标的问题曾经进行过深入、热烈甚至是激烈的讨论和辩论，最后，大家的意见达成了统一：我国幅员广阔，地区发展差异明显，学校和学生在具体的发展情境中，有着不同的特点和要求，对各年级具体德育目标的要求，不宜再搞"一刀切"，全国统一的德育大纲需要提出初、高中学段的目标以作导向和规范，具体年级的德育目标由各地区、各学校因应各自具体情况进行设计。根据这样的设计思路，我们依据《中学德育大纲》的阶段性目标要求，设计出学校各年级的德育目标序列。

根据《华南师大附中十年改革发展规划纲要（1991—2000年）》，我们明确提出了学校德育的总目标：我们办学育人，不仅要使我校学生成为现代社会主义中国的合格公民，而且要成为其中的佼佼者，无论在思想觉悟、道德情操、知识视野、身心健康等方面均应达到较高的标准，成为素质全面、知识广博、心理状态优良、政治立场坚定的优秀人才。

二、关于德育内容系列建设

德育内容系列，相当于教学活动中的课本、教材，是教师进行德育活动时的文本依据。我们很难想象，一个教师如果在没有课本、教材的情况下，其教学活动是怎样进行的，教学质量又是如何保证的。而长期以来，学校德育活动就是在这样一种既无纲可循、又无本可依的情况下进行的，基本上依赖于德育工作者个体的认识水平和工作态度，陷于主观随意性的严重局限之中。

针对这些弊端，我们加强了学校的德育内容建设，为学校的德育工作者提供力所能及的客观保障。在我们学校的德育内容系列中，既有学校统一设计的教育主题，又有班主任的班课系列，还有共青团的团课系列。

（一）教育主题设计

我校统一设计的教育主题，是根据国家教委颁布的《中学德育大纲》要求，结合我校实际而制定。围绕这些主题开展的教育活动，贯穿于整个学年，并且具体到每一个月份。

我校统一设计的十五个教育专题，分布在每一学年的不同月份中——

9月，尊师重教、爱国主义教育。以"庆祝教师节"和"庆祝国庆节"为主题，运用各种形式开展尊师重教和爱国主义教育的主题活动。

10月，集体主义教育。以一年一度的学校田径运动会为契机，通过广泛发动和组织学生在运动会上为班级创佳绩，开展生动、形象的集体主义教育。

11月，"主人翁"精神教育。以一年一度的"学生代表大会"为主题，通过推选参加学生代表大会的代表、听取上届学生会干部述职时参与质询、参加竞选本届学生会干部的代表发表竞选演讲、选举本届学生会干部等系列活动，进行主人翁精神教育。

12月，艺术教育和理想教育。利用我校为期一个月的青春旋律艺术节，使学生各方面的艺术才华得以充分表现，让学生在形象、生动、活泼的艺术活动中接受艺术教育，激发广大学生参与审美创造活动的热情和才能。以元旦这个节日为契机，各班级组织除夕迎新主题晚会，在畅谈未来、畅谈人生中进行理想教育。

1月，学风和纪律教育。利用临近期末考试的时机，在指导学生进行全面、细致的总复习过程中，渗透培养严谨学风的教育，加强考试纪律教育。

2月，爱心教育。在寒假中和春节前，通过组织学生参加拥军优属及访寡恤孤等社会公益活动，让学生在向社会付出一点爱、温暖了别人也温暖了自己的体验中，进行爱心教育。

3月，传统美德与基础文明教育。本月是附中"学雷锋树新风行动月"，在组织学生广泛开展义务劳动中，渗透着继承民族传统美德、培养高尚道德品质的教育。

4月，革命传统教育。本月为附中的读书节，利用清明扫墓的民间习俗，在组织学生开展祭奠革命先烈活动的同时，引导学生广泛阅读反映先烈革命斗争的书籍，举行读书演讲活动，对学生进行革命传统教育。

5月，社会责任和榜样教育。利用纪念五四运动青年节，结合我校表彰本年度学校"十佳"等活动，把宣传五四运动的革命事迹和学校十佳事迹结合起来，把学习社会上先进青年和学习身边先进同学的活动结合起来，对学生进行强化社会责任的教育。

6月，党的观念教育。本月是附中"党的知识教育月"，在组织学生中的先进分子长期开展党课学习小组活动的基础上，利用"七一"建党节前后的时机，把党课学习小组活动汇报和发展学生党员等活动结合起来，对学生进行强化党的观念教育。

7—8月，社会实践和国防教育。在暑假期间，通过组织学校、班级等不同层次的夏令营活动，让学生参与不同的社会实践活动；利用建军节前后，在组织学生与部队举行联欢的活动中，渗透和开展国防教育。

（二）班课系列设计

在学校统一制定的课程表中，专门有班会（课）的课时安排，这是在学校教学计划中为班主任发挥其德育功能提供的一种制度保障。令人遗憾的是，虽然在课程表中有专门的课时保障，但许多班主任却没有像科任教师珍惜自己的教学课时那样把握住班会（课）的课时，有的把这个课时随意"赠予"科任教师，有的将其留作班主任自己所教学科的教学"自留地"；有的虽然也用作班集体的教育活动，但却缺乏类似教学内容安排那样具有计划性、系统性和前瞻性，总是零敲碎打，不能形成一个内容体系，难以保证班会（课）课时的教育质量。

有人将这些弊端归因于班主任的不主动、不积极、不发挥主观能动性和个体创造性。我认为，也许这是原因之一，但绝对不是根本原因。这就像学科教学活动，如果连课本、教材都没有提供给教师，你能把教学质量低下的责任推到教师身上吗？而事实上，学校真的就是没有向班主任提供用于班会（课）的相应教材、课本。

有鉴于此，我们要重视班会（课）内容系列设计这一学校德育的基础工程，为班主任的班会（课）提供相应的教材课本。

那么，由谁来编写班会（课）的教材呢？我认为，编写这样的教材，主体队伍应该是在一线工作的班主任，他们是编写班会（课）教材的最佳人选。

该怎样组织班会（课）的教材编写工作呢？我们研究出这样一种操作流程：学校统一设计出每个学期在班会（课）中讲授班课的次数，由各个年级根据这些次数设计出主题，形成一个班课系列，由年级中的班主任各自承担一个主题的教材编写。一个学期下来，每个班主任只要完成一个主题的教材编写，整个年级的班课系列就建立起来了。

延续两个学期，一个学年的班课系列就建立起来了。第二年、第三年，年复一年地对班课系列的内容进行完善、修改。这样，我们用三年一个循环的时间，就可以为班主任在班会（课）中的教育提供一套比较成熟的教材、课本，为发挥其组织教育功能提供了客观保障。

（三）团课系列设计

中国共产主义青年团是中国共产党领导的先进青年的群众组织，是中国共产党的助手和后备军。在学校中，共青团发挥着先锋和模范的作用。在学校德育工作中，共青团工作承担着培养学生楷模、培养政治先进分子甚至是培养青年马克思主义者的任务。

团课，是根据共青团的组织性质和学校共青团工作的任务，对共青团员和广大学生进行教育的一种基本形式。

团课内容，我们分为面向共青团员和面向广大学生两个系列进行设计。

面向广大学生的团课系列，我们又分为以退队的少先队员为对象、以广大学生为对象、以争取入团的学生为对象等三个不同部分设计出相应的教育内容。

面向共青团员的团课系列，我们围绕"经典著作研读""社会热点问题讨论""社会现象调查""国际现象透视"等主题组织教育内容，并面向有入党意愿的团员组织党课学习。

我在被《中学德育大纲论文集》①一书收入的《高中学生政治方向教育的两条重要途径》这篇文章中谈道：

先进的部队要用先进的思想来武装，没有一定的思想基础和理论修养，先锋队也难以发挥强大的战斗力。我们针对学生团员中普遍存在轻视政治理论学习的弱点，大力加强学生骨干队伍的思想理论建设，刻意提高积极分子的理论修养。我校各年级团员每学期要听2~3次理论辅导课，通读1~2本政治理论或革命传统教育的书籍，细读1~2篇马列或毛主席著作，参加1~2次专题讨论会。团内规定通读的书籍有《红岩》《钢铁是怎样炼成的》《青年近卫军》《毛主席的青少年时代》《大地的儿子》《绞刑架下的报告》《把一切献给党》《可爱的中国》等，规定要细读的文章有《为人民服务》《愚公移山》《纪念白求恩》《青年运动的方向》《反对本本主义》《改造我们的学习》《实践论》《矛盾论》等。

针对学生中的种种模糊认识，我们要求团支部每学期要结合一个热点问题，开展专题讨论。例如，去年高二各支部针对社会上

① 张志义、齐炘编：《中学德育大纲论文集》，北京：教育科学出版社，1993年。

存在的一种"社会主义只能使中国摆脱贫穷，而不能使中国走向富裕"的错误说法，组织专题讨论，他们结合社会主义理论学习，组织对改革开放十年成就的社会调查，较好地解决对社会主义制度的认识问题。

三、关于德育活动体系建设

德育，是一种"育德"过程——对人的思想品质、政治品质、道德品德和个性心理品质进行综合性培育的过程。由于这个过程涉及思想、政治、道德和心理品质等多个方面，因此，在学校教育中，德育比其他方面的教育显得更为特殊。因应这种特殊性，我们必须树立一种大德育观。

这种大德育观，从内容层面来看，德育比学校教育中的智、体、美、劳等方面所涉及和涵括的范围都要大；从力量与队伍的构成层面来看，其涉及与涵括的范围决定着参与德育活动的队伍和力量，比学校教育中其他方面的队伍和力量都要多和大；从活动空间的层面来看，德育影响的广泛性决定了德育需要有一个包括课内和课外、校内和校外等更为广大的活动空间。这样，就决定了德育必须有一个涉及面更广、构成因素更复杂的操作系统。

我们以这种大德育观为指导，通过形成一个综合性的德育活动体系来建立学校的德育操作系统。这个德育活动体系，从课内向课外延伸，从校内向校外拓展，具有校内与校外相结合的结构特征。

其中包括：我们根据德育的主体性特征而建立的学生社团活动系列，根据德育的践行性特征而建立的社会实践活动系列。

（一）学生社团活动系列

附中的学生社团活动系列，由下列部分构成。

1. 政治性的学生社团活动

包括党课学习小组、团课学习小组、读书小组、时事评论小组等主要由学生组织开展的团体活动。这些团体活动，集中了学生中政治上的先进分子，既是学校培养新一代马克思主义者的现实载体，也是通过这些先进分子在广大学生中产生广泛辐射性影响的具体活动形式。

2. 学术性的学生社团活动

包括文学社、通讯社、诗社、各种学科性课外活动小组等主要由学生组织开展的团体活动。这些团体活动，不但为学生深化理解课堂上传授的知识提供了必要的课外实践条件，而且在广泛的领域中为学生充分展现各自的个性才能提供了表演的舞台，保障了我校学生得到生动活泼地全面发展的必要条件。

3. 体育艺术性的学生社团活动

包括管乐队、合唱队、戏剧社、棋艺社、集邮协会、足球队、篮球队、棒球队等团体活动。这些社团活动，不但为整体提高我校学生的文化艺术素养创造了浓烈的校园氛围，而且通过让学生社团在一年一度的戏剧节、小歌手大赛、青春旋律艺术节、校长杯赛等体艺活动中自行组织各具创造性的活动，使学生对发挥主体创造精神产生丰富的实践体验。

（二）社会实践活动系列

附中的社会实践活动系列，包括以下这些内容。

1. 军训

在开学前，我校以一周时间，组织全体新生集中进行军事训练。在军训活动中，让学生通过与军人的接触，了解部队的优良传统和铁的纪律，了解当代军人的紧张生活，理解当代军人的奉献精神；通过军训，增强学生的国防观念，增强学生的组织纪律性，促进新班集体的形成。在军训期间，同时对新生进行学校优良传统、校史校风、学风校纪等教育；对新生团员进行组织、纪律、素质要求等方面的教育。

2. 学工劳动①

在高中一年级第二学期中段，组织学生到工厂进行为期一周的劳动实践。通过劳动，了解工厂的生产过程和工人的劳动生活，学习工人阶级的集体主义精神和顾全大局、大公无私、为社会多作贡

---

① 20世纪八九十年代相交之时，华南师大附中仍然坚持开展"到工厂学工"的活动。直到后来出现产业结构调整、企业管理体制转换等一系列社会变革之后，"到工厂学工"的活动便转变为"到科研机构考察"的活动内容。

献的高尚品德；通过劳动实践，增强学生的劳动观念，培养学生的劳动人民感情，掌握一些基本的劳动技能。

3. 秋季农忙时的农村"三同"活动

组织初中学生参加秋季农忙劳动，是在每学年第一学期的中段，组织学生到附近的农村、农场参加农业生产劳动（一般三天左右），让学生在农业劳动实践中，加深对农业的了解，培养良好的劳动习惯，掌握一定的劳动技能；让学生懂得劳动成果来之不易，懂得尊重别人的劳动，珍惜别人的劳动成果。

组织高中学生到农村与农民"三同"（同吃、同住、同劳动），是在高中二年级第一学期中段，组织学生到农村进行为期十天的务农劳动。在这十天里，学生两至三人为一组，住到农户家里，实行"三同"，参加紧张的秋收农忙劳动，或参加修建水利工程、疏通灌溉渠道、修桥补路等公益劳动。通过"三同"活动，加深学生对农村、农业和农民的了解，培养学生对劳动人民的感情，让学生在实践中体会党的农村政策，增强他们的社会责任感、使命感和为国成才的理想信念。

4. 各种参观、访问、社会调查

学校在德育工作序列中，对初、高中等不同年级的参观活动发出指引，要求每个年级要利用节假日，根据年级的实际情况，组织学生开展参观、访问活动。让学生从参观、访问活动中，了解中国近代、当代史，了解新中国成立以来，尤其是改革开放以来的建设成就，了解省、市城乡人民的生活变化，使学生对社会的发展历史和现实生活有较为全面、丰富和深入的认识了解，从中激发他们对祖国、对人民、对生活的热爱之情。

结合学科课程和学校德育计划的需要，学校不定期组织学生利用假日或课余时间，开展社会调查和市场调查，参观访问一些科研单位或大专院校，了解改革开放的成就和人民生活水平的提高，了解市场经济及社会经济发展对人才的要求，让学生在增加对社会的了解中确立和坚定自身的专业理想，调整和改善自身的知识结构。

5. 冬令营和夏令营

冬令营在寒假举行。以团委、学生会、学生社团、班级等为单位分别组织活动，或参观国家重点建设工程项目、大型高科技企业，参观农村基层单位；或参观高校、科研单位；或到军营慰问军人，举行联欢活动；或到社会福利院、敬老院开展慰问活动。通过这些活动，增长学生的见闻，增强学生的社会责任感。

夏令营在暑假举行。以团委、学生会、学生社团、班级等为单位分别组织各个层次的学生干部、骨干开展活动，以步行或骑自行车等多种形式，或深入贫困农村、山区进行社会调查，体验生活；或到富裕地区，了解和体验党的改革开放政策给社会生活带来的巨大变化；或到部队、军营，学习光荣传统，慰问边防军；等等。通过这些活动，磨炼学生意志，培养他们吃苦耐劳、艰苦朴素的良好品德。

当年，在我思考并实践着如何构建学校德育体系的时候，对一些问题，例如德育队伍的组织建设问题，德育管理系统的建设问题，我校的德育模式特征问题等，虽然已经有了一些基本思考、一些朦胧轮廓，但是，直到我担任了华南师大附中校长之后，在构思我的办学方略的过程中，才对这些问题有了更清晰的认识，这些轮廓才逐渐明晰起来。

当然，这都是后话了。一个人所处的位置，会直接影响着思考问题时的观点和角度，认识问题的深度和广度，解决问题的力度和效度。

从1997年开始，华南师大附中就与美国佛蒙特州"跨太平洋绿色行动组织"建立合作关系，每年组织中学生互访，开展以环境保护为主题的研学活动。图为2001年夏天，作者带领华附学生代表团赴佛蒙特州开展交流活动时，在州政府院子里植树纪念并与州长合影留念。

图为2001年夏季作者率华附学生代表团赴美国佛蒙特州参加"跨
太平洋绿色行动组织"交流活动期间，拜会佛蒙特州州长并共同植
树留念。

本章记录了我担任华南师大附中校长期间承先启后、砥砺前行的行动轨迹。

　　作为校长，必须准确理解和把握中学教育的奠基性任务，必须体现学校教育的时代性要求，也必须有自己的使命意识和责任担当，努力形成自己的办学理念和管理主张。

　　作为一所百年名校的校长，必须要让优良传统与时代要求在融合中得以发展、创新，将培养目标、课程体系、工作模式、队伍建设等办学要素整合为一个现代学校管理体系，在走向集团化、国际化发展中构建一个大教育体系。这就是我的治校方略，也是我这一任华附校长的历史使命。

承先启后，砥砺前行

1996年6月，我走上了华南师大附中校长的工作岗位。从担任化学教师开始，到担任团委书记、教导处副主任，再到担任副校长、校长，一路走来，我已在华南师大附中工作了十八个年头。

十八年来，可以说，我已经与学校融为一体，对学校的发展历史和发展现状，对学校已经取得的成绩和面临着的挑战，亦了然于胸。然而，一旦担任起校长的工作岗位，我竟发现自己好像又回到了十八年前最初踏进华南师大附中大门时的那种心境——兴奋而又忐忑。那时，我为自己能够成为华南师大附中一分子而感到兴奋，又为自己能否胜任校长职责感到忐忑。此时，那种兴奋感逐渐被一种沉甸甸的责任感所取代，忐忑却是一如既往：我能胜任这个岗位的工作吗？我能为华南师大附中的发展做出承先启后的贡献吗？

毕竟不再是十八年前那个青涩的新教师了。十八年的历练，让我能够按捺住忐忑不安的心情，迅速进入一种理性思考的状态——

作为一名校长，他应该具有怎样的角色特征？

作为一名校长，他应该具有怎样的办学理念以引领学校的发展？

作为一名校长，他应该用怎样的治校方略来传承学校优良的办学传统？

华南师大附中，在未来的发展中如何绽放出一所百年老校的时代风采？

……

这些问题，既包含着对自己的重新定位，又包含着对学校未来发展的构想。

且思且行，且行且思。我又在新的起跑线上重新出发，与全校师生一起砥砺前行。

2003年，《21世纪校长》杂志刊登了对作者的专访。

第一节　我的办学理念

许多时候，我在思考着如何办学的问题时，总是不自禁地便想到前任校长们，希望从他们的身上寻找到自己的参照系。

我想到初进华南师大附中时王屏山老校长的教诲。在与王屏山校长一次次交谈中，我听到了他对基础教育的深刻理解。他认为，心理学发展最佳期的理论指出，人的发展存在一个最佳的年龄阶段，如果我们能够在人发展的最佳年龄阶段适时实施相应教育，将会取得事半功倍的效果。中学阶段，是一个人身心发育最为迅速的阶段，人生观、世界观和价值观都处在逐渐定型的状态，更容易通过教育来施加影响。这个阶段是学生打开眼界的关键时期，培养学生具备认识世界的基本能力，培养学生的兴趣爱好，发展学生的个性特长，尤为重要。他强调：中学教育是一座巨大的宝库，我们一辈子都挖掘不尽，千万不要小看中学教育；中学生是可塑性最强的成长关键期，也是教师最能够在学生身上留下烙印的时期，要用心呵护，悉心培育，避免伤害；中学时期既是打基础的关键期，又是发展个性特长的关键期，不可偏废。

我想到了蔡汉平校长在主持制定《华南师大附中十年改革发展规划纲要（1991—2000年）》时的工作情境。他强调，要追求轻负担、高质量的合理负担思想，要分析学生付出代价、承受负担之后得到什么？不要做得不偿失的事情。在讨论对学校培养目标的设计时，大家达成了共识：不仅要使我校学生成为现代社会主义中国的合格公民，而且要成为其中的佼佼者，无论在思想觉悟、道德情操，还是知识视野、身心健康等方面均应达到较高的标准，成为素质全面、知识广博、心理状态优良、政治立场坚定的优秀人才。

在与前任校长们的神交中，我细心领会着他们引领华南师大附中发展的思想精髓。想着王屏山校长对基础教育本质的理解，想着蔡汉平校长在设计学校培养目标时的与时俱进，我的脑海里迸出了一对词语："坚守"与"创新"。

坚守，强调的是坚持与固守；创新，强调的是超越与突破。意义上，它们似乎是相互矛盾对立的，但是，它们却以一对反义词的形式反映出一种辩证关系，从两个不同的侧面对教育行为、办学行为提出一种不可偏失的辩证要求。

我认为，所谓"坚守"，并非强调墨守成规，而是强调要尊重、把握教育活动和办学活动的本质特征，强调我们的教育行为和办学行为要遵循教育规律、办学规律的固有要求。人类社会自从出现了

"教育""学校"等社会现象之后，就赋予它们一种特定的社会规定性；而"教育""学校"在其自身的发展过程中，也逐渐积淀、形成了规范其健康发展的规律性要求。

社会对教育、学校的规定性，教育规律、办学规律对教育行为、办学行为的制约性，具有恒久的意义。不管在任何时候、任何情况下，我们要保证教育、学校的健康发展，就必须尊重这种社会规定性，就必须坚守教育规律、办学规律。

创新，则从另一方面揭示了教育活动、办学活动必须与社会、时代互动发展的本质要求。教育活动、办学活动，不是在一种真空状态中进行的，而是在一种特定的、具体的社会环境、时代背景中进行的。社会与时代在不断地变化、发展、进步之中，教育活动、办学活动也必须自觉满足时代进步、社会发展所提出的要求。从宏观意义上来看，教育、学校必须具有一种敢于自我超越、自我突破的自觉意识，以达至与时俱进的要求。

从理论上来论证坚守与创新的关系，并不难，可要在现实的工作情境中，在一个充满主客观局限的凡尘俗世中，一个校长要做到坚守，又要实现创新，谈何容易。因为，无论是坚守还是创新，都是需要胆识与智慧的。

我想，如何在学校管理中实现坚守与创新，这应该是自己在新的工作岗位上遇到的最大挑战，也是对自己的胆识与智慧的最大考验。

2004年春季，随广东省教育代表团访问日本时，作者（中）与日本教育界朋友合影。

2004年春，作者（右一）随广东省教育代表团访问日本，考察日本基础教育。

一、体现中学教育的基础性要求

在构成整个教育体系的不同教育阶段，如学前教育、小学教育、初中教育、高中教育与大学教育等，它们都有着不同的办学目标、办学任务，甚至不同的培养教育方式。中学教育，必须体现出"中学"这个特定教育阶段的社会规定性，满足中学教育的规律性要求。那么，对一名中学校长来说，该如何把握中学教育与大学教育、小学教育所不同的性质与特征呢？我尝试从人才培养的工作流程、人的潜能开发、人的自我意识形成以及实施终身教育等方面入手，认识和把握中学教育的性质和特点。

1. 从人才培养的工作流程的角度来看

中学阶段，并非产出人才成品的最后一道工序，而只是其中一道生产"半成品"的加工工序。"中学阶段"这道工序的加工质量，直接决定着产品在后期的可加工性。因此，必须保证这些"半成品"的合格性乃至优质性，保证他们具有最大的后期加工价值，为人才的最后成型奠定良好的基础。

2. 从人的潜能开发的角度来看

中学阶段，属于人的潜能开发中的初期挖掘阶段。在这个阶段中，既可能是对前期——小学阶段潜能开发的延续和完善，也可能是一种调整和修正，而更重要的是为后期开发创造一种良好的"生态环境"。因此，中学阶段对学生的潜能开发，必须引入"环保意识"，任何以超负荷、非理性、反科学的手段进行的所谓"开发"，都是以直接影响和破坏学生后期发展为代价而进行的"掠夺性开发"，是对学生不负责任、不人道甚至是不道德的可耻行为。

3. 从人的自我意识形成的角度来看

中学阶段，正是学生形成自我意识的重要时期。能否形成健康的自我意识，取决于学生能否在成功体验的基础上对自我存在价值的认同。因此，我们把培养学生"勇于追求成功"的品质看作是引导学生形成健康自我意识的重要"基因"。中学阶段，学生身心发展的成熟性，为其良好素质的形成和发展提供了物质基础；各种科学文化知识的学习和智力技能的培养，为其良好素质的形成和发展提供了外部环境和条件；而激活和生成勇于追求成功的品质，则为其良好素质的形成和发展提供着内在动力。因此，我们强调，无论是着眼于教育的基础性，还是着眼于人才产品的优质性和潜能开发的生态保护性，都要集中到培养学生具有追求成功这种基本素质之上。

4. 从实施终身教育的角度来看

中学教育阶段，是整个终身教育体系中的基础教育阶段。学校所有目标、各项标准的设计和制定，各种课程设置和工作准则，都不能拔苗助长而偏离基础教育的轨道，都要立足于基础性的要求。这种基础性，并非仅仅是强调基础知识、基本技能的认知基础，而是指向于能够承托起人的长远发展，能够支持着学生未来可持续发展的基本品质的培养。

就在我思考着中学教育的基础性要求这个问题时，1997年10月，国家教委颁布了《关于当前积极推进中小学实施素质教育的若干意见》，其中提出：改革人才培养模式，由应试教育向全面素质教育转变，这是我国国民经济和社会发展对中小学教育提出的要求，是基础教育面临的一项重大任务。

早在1993年2月颁布的《中国教育改革和发展纲要》中就明确指出："中小学要由应试教育转向全面提高国民素质的轨道。"党的十五大报告又强调指出："认真贯彻党的教育方针，重视受教育者素质的提高，培养德智体等全面发展的社会主义事业的建设者和接班人。"

中学教育的基础性要求，就是要在实施素质教育中，为学生的未来发展打下坚实的基础。当然，"素质"这个概念，由于具有丰富的内涵，人们可以从不同的角度去理解和把握它，由此产生了不同的价值取向与实践行为。我认为，无论从哪个角度去理解和把握素质教育的内涵，都必须紧紧把握住以下几个关键词：

全体——关注每一个学生而不仅仅是小部分学生的发展。

全面——关注学生的整体发展。无论是学业还是体质、品质，无论是思想、政治、道德品质还是个性心理品质，无论是在接受外部规范方面还是在形成自我规范方面，都必须让学生获得整体发展。

观念——关注学生在人生观、世界观、价值观等思想观念方面的健康发展。无论是在认识自我还是认识世界方面，必须让学生掌握科学的思想方法和思维方式；无论是在自我价值取向方面还是在社会价值取向方面，都必须让学生懂得权衡和取舍；无论是在个人的生活理想、职业理想还是社会理想方面，都必须让学生学会合理选择与有机结合。

能力——关注学生整体能力的发展和提升。无论是在学习能力方面、创新能力方面还是在生活自理能力、社会生存能力方面，都必须让学生能够在充满不确定性的学习情境、现实和未来的社会工作生活情境中自我把握，可持续发展。

围绕着这些关键词进行的思考，实际上已经为我形成治校方略打下了思想基础。

二、体现学校教育的现代化要求

当我们专注中学教育的基础性要求，坚持实施素质教育的时候，还必须清醒地认识到，这些基础性要求，学生的素质培养，是在一种社会发展、时代进步的动态环境中进行的。

21世纪是科技迅猛发展的世纪。在这个知识爆炸的信息时代，教育应该如何发展？学校培养出来的学生能否接受高科技发展和信息革命所提出的挑战？是否具备应对社会剧烈变革的全面素质？

我国社会的现代化发展，要求教育必须在强国、促进社会经济发展中扮演重要的角色。我们社会经济体制和经济增长方式的重大转变，也要求教育在实施科教兴国和可持续发展战略中更好地发挥出全面提高国民素质、多出人才、出好人才的功能。

作为一个现代学校的校长，必须体现学校教育的现代化要求，让学校在社会现代化进程中与时俱进。何以为"进"？我觉得，一个校长，起码可以在以下几个基本方面发挥领军人物的作用：一是在思想观念层面，以现代思想意识引领师生们的发展；二是在劳动工具层面，让现代教育设备技术深度介入学校的教育教学过程；三是在培养目标方面，让学生在德、才、学、识等发展方面满足现代社会发展要求，展现出时代风采。

（一）坚持"以人为本"的价值导向

教育的价值主要体现在两个方面：一是社会价值取向，即促进社会发展进步；二是个体价值取向，即促进人自身的完善和发展。令人遗憾的是，在现实中，在各种主客观因素的局限下，学校教育出现了价值取向被严重扭曲的现象。

满足社会进步要求的社会价值取向，被狭隘地异化为仅仅是满足行政管理的要求，学校教育的行政化导致教育的个体价值取向被边缘化了；促进学生完善和发展的个体价值取向，又被狭隘地异化为仅仅是满足学业发展的要求，满足学科分数的要求，片面的应试教育导致促进学生全面素质提升的要求被忽略了。在应试教育模式的作用下，学校教育中出现了只见分数不见人、为保少数人而牺牲大部分人的价值迷失现象。

作为一名校长，我们有责任要进行一番价值澄清，把丢失了的教育本义找回来，坚持以人为本的价值取向，重新恢复学生发展和学生素质全面发展在学校教育中的核心价值地位。

在华南师大附中这个具体的教育环境中，以人为本的核心价值应该如何体现？在回顾学校的办学历程、体味历任校长的办学实践中，我找到了学校在不同发展时期都始终坚持的一种价值追求：以人为本，就是要面向全体、尊重差异；以人为本，就是要夯实基础、发展个性；以人为本，就是要挖掘潜能，鼓励冒尖；以人为本，就是要尊重自主权，增加选择性。

学生的个性差异，是一种客观存在。只有在尊重这种事实的前提下，我们才能真正体现因材施教，才能面向全体学生，让每一个学生都得到最能结合他们自身实际的最佳发展。华南师大附中的一切改革措施，都建立在尊重差异、发展个性的基础之上。

挖掘潜能、鼓励冒尖，是与尊重差异、发展个性相辅相成的一种必然要求。运用发展关键期的理论来分析学生的发展现状，我们发现，在心智发育、能力展现等诸多方面，每一个学生的发展现状就像他们的身体发育一样，呈现出迟早不一、参差不齐的差异现象。对类似"迟发育"的学生，我们要善于挖掘他们的发展潜能；对类似"早发育"的学生，我们要鼓励他们敢于冒尖。学校要创设环境，提供平台，让学生如四时花开一样，无论迟早，皆能在春夏秋冬中绽放。

教育之于人的关系，本质上应该是让人来选择适合自己的教育，而不是让教育去选择人。在学校班级授课制的教育环境中，统一的课程设置，统一的教学进度，统一的教学要求，本质上就存在为了追求效率而不得不牺牲学生个体自主选择权的局限。我们要敢于直面这些现实局限甚至是现行学校教育的弊端，努力创造条件，堤内损失堤外补，建设一个课外发展体系，以尊重学生的自主权，满足学生的选择要求，与统一教学计划互补，弥补其中的不足。

以人为本，不但要关注学生发展，还要关注教师发展，实现师生共同成长。没有好教师，就不可能培养出好学生。

（二）坚持"可持续发展"的效益观

纵观我国改革开放以来的社会发展，我们既看到了社会生产力大解放之后的蓬勃发展现象，也看到了为追求经济发展而留下的那些令人痛心的现象。

当年，实现分林到户政策之后，所有者为了追求短期效益，毫无计划地大肆砍伐所分得的林木以换取经济效益，以致山林满目疮痍，造成了严重的水土流失，遗祸于社会。

一些地方的主政者，为了追求GDP[①]，不惜以牺牲生态环境为

---

① GDP，全称为 Gross Domestic Product，译作国内生产总值。

代价，造成了严重的水污染、土地污染、空气污染，导致人们赖以生存的环境严重恶化，导致社会为了治理这些后遗现象而不得不付出高于当年效益数倍、数十倍的代价，甚至出现无论以多大代价也无法挽回损失的现象。

追求绿色GDP，还民于绿水青山蓝天，这是对社会发展失衡现象痛定思痛后的拨乱反正。

而在教育领域，我们发现，上述社会经济发展中的乱象，也同样存在。它们对教育生态环境造成的破坏，同样令人触目惊心。

以应试为目的、以分数为评价标准的应试教育，为了提高学生的应试技能、考试技巧，无视身心规律、教育规律，以"劳动强度＋劳动时间"这种早期工业社会追求劳动效率的原始方式，大搞"题海战术"，大量进行机械性训练，造成学生课程负担过重。

对学生而言，不但伤害了学生的身心健康，伤害了学生学习的主动性、积极性，而且，这些早期体验，对学生的后续发展留下了浓厚的心理阴影。更为严重的是，这些心理阴影，会滋生出对现代社会终身学习要求的逆反心理。

对教师而言，将分数和升学率作为评价指标，不但严重挫伤了广大教育工作者的积极性，伤害了他们的事业心，甚至可能对他们的教育信念产生严重影响。

可怕的是，犹如"久处鲍鱼之肆而不闻其臭"一样，当这些违背身心规律、违背教育规律甚至是违背人性的应试教育现象造成了学生的逆反心理，以致学生把这些潜藏在心底的反抗意识转化为对课本、教参、学习资料的仇恨时，我们一些教育工作者竟然不但未能意识到这些学生行为背后的深刻意涵，反而把组织毕业班学生撕毁扔掉课本、教参、学习资料当作一种考前的减压活动；尤为甚者，还将此作为学生"庆祝解放"的一种仪式。这种发泄方式，正是应试教育"重灾区"的特有景观。

当我们把课本、教参、学习资料看作是一种人类文明的物质载体时，撕毁扔掉这些课本、教参、学习资料，不就是一种反人类文明的行为吗？当我们看着学生高声呼喊着撕毁扔掉这些课本、教参、学习资料时，当我们看着这些被撕毁扔掉的课本、教参、学习资料如漫天雪花从高楼上飘然而下时，当我们看到四周围观的非毕业班学生也一起莫名兴奋时，尤其是当我们看到这些教育工作者为自己能够找到这样一种帮学生进行考前减压的方式而窃窃自喜时，难道，我们看不出这是一种教育的悲哀吗？哀莫大于人们在以一种反教育的行为对学生进行教育而不自知！

学校教育不能以牺牲学生的长远发展为代价来换取升学率的眼前效益，不能以单纯追求升学率的短期行为来替代教育对学生终身发展的影响，不能让急功近利的思想侵蚀学校的办学行为。在教育领域，同样存在还学生以"青山绿水蓝天"的生态建设问题。

坚持可持续发展的效益观，努力建设具有青山绿水蓝天的校园生态环境，让我们的学生可持续发展，让我们的教师可持续胜任，让我们的学校可持续攀高，让我们的教育可持续提升。这就是我要努力追求的办学目标：

培养可持续发展的学生，

造就可持续胜任的教师；

创办可持续攀高的学校，

实施可持续提升的教育。

（三）让高新技术深度介入教育教学过程

在人类文明发展历史中，我们看到，每一次劳动工具的变革，都会带来社会生产力的极大发展，带来社会发展质量的深刻变化。铁器的出现，大大改善了农耕时代的劳动工具，促进了农业社会生产力的大发展。蒸汽机的出现，带动人类社会的劳动工具进入了一个崭新的变革时代，农耕社会迅速进入了工业社会的发展状态。如今，计算机、互联网的出现，使人类社会的劳动工具发生了革命性的变革，创造了一个令人惊叹的信息时代。

长期以来，教师基本的劳动工具就是书本、粉笔、粉刷、黑板，再配以一些教具、挂图、实验仪器等。当教室里出现了幻灯机、投影仪等仪器设备之后，课堂教学的信息传输手段丰富了，教学过程的知识量增大了，视听效果改善了。从中可以看到，随着劳动工具的变化，课堂教学的效果和质量也发生了变化。

尽管出现了这些变化，但我们孜孜不倦地试图在课堂上追求实现因材施教这些具有恒久意义的教育理想时，试图让处于不同发展起点的学生都获得适合他们各自需要的发展提升时，仍然因为相应条件的限制，如教学的时空环境、教学内容的个性化设计等，效果始终是难尽如人意。

如果让计算机、互联网变为教师手中的教学工具，变成学生手中的学习工具，让高新技术全面深度介入我们的教育教学过程中，前景将会如何？我们在20世纪90年代中期的这些设想，现在已经得到了充分的证明。

计算机、互联网构筑的虚拟空间，可以为师生的教与学提供突破时空局限的教学环境；互联网上的海量信息，以及各种各样的个性化学习资料，在教学内容上为教师与学生提供了实现个性化教学、个性化学习的可能；微课、网课等网络教学形式的出现，颠覆了班级授课制的传统形式，让师生的教与学可以在走向更加精细化设计中提升教学活动的有效性。在信息化的互联网时代，一切皆有可能。

在当上华南师大附中校长的时候，我就想，实现教育现代化，这是一种必然的历史进程。那么，在一个具体、局部的校园环境中，作为一名校长，该如何引领学校走上现代化的发展轨道？

人类社会的现代化进程，体现在使用工具、培养精神、建立制度等不同发展层面上。我以为，在制度层面，作为一名校长，也许在社会制度系统的建设中是无能为力的，但在一个校园的局部环境中进行制度建设以引领、规范学校的现代化发展，还是可以有所作为的。在精神层面，我们可以通过解放思想、更新观念的方式培养师生的现代精神。在工具层面，我们可以通过运用现代教育设施设备、现代教育技术等方式改善教师的教学工具和学生的学习工具，改善师生的教学行为特征，提升教与学的活动质量。

坚持以人为本的价值取向，坚持可持续发展的效益观，让高新技术全面深度介入学校的教育教学过程，这就是我对学校教育现代化的肤浅理解，也是我在引领华南师大附中走向现代化发展进程中的基本实践。

三、体现一个校长的责任担当

当今时代，既充满机遇，也充满挑战。所谓"机遇"，是改革开放的时代为校长们在办学过程中充分发挥自身的主观能动性和个体创造性提供了很好的平台；所谓"挑战"，是在校长们希图发挥自身的主观能动性和个体创造性的时候，遇到了许多社会问题的拷问和挑战，需要校长们做出勇敢甚至是痛苦的选择。而能否主动做出自己的选择，则考验着一名校长的责任担当。

（一）校长要敢于面对来自改革的动态性和不确定性的挑战

自20世纪70年代末召开党的十一届三中全会、开启了改革开放新时期以来，我国的社会改革在不断深入地发展着。与此同时，从恢复高考制度至今，我国教育领域也先后出现了如下多项重大改革。

从设立重点学校到淡化重点，从开展等级学校评估到取消等级学校评估，从开展示范学校评估到开展义务教育阶段规范化学校评估，四十多年来，我国在基础教育阶段的教育资源配置领域进行了一系列的改革。

从20世纪70年代后期恢复高考制度，到20世纪80年代提出反对片面追求升学率的应试教育，到20世纪90年代提出实施素质教育，再到21世纪进行的新课程改革、高考模式改革，四十多年来，我国不但在人才选拔模式、人才培养模式、基础教育发展模式的宏观层面，也在教育思想、教学理念、教学内容、课程结构、课程标准、教学目标、教学组织形式、教学方法、评价方式等微观层面，进行了一系列的改革。

纷繁多样的改革项目，不断冲击着校长们的思想观念，调整着校长们的办学行为。这种改革时代的动态性，需要校长们富有思想活力，敢于自我超越，善于自觉调整，能够最大限度地发挥自身的主观能动性和个体创造性，以主动适应时代改革的要求。

然而，上述一系列改革中所表现出来的否定之否定现象，以及所蕴含的颠覆性意义，构成了一种不确定性，令人眼花缭乱，难以把持，令校长们生出种种困惑：到底谁是谁非？到底该何去何从？

参照系的不确定性，影响了校长们的自信心；自信心的缺失，影响了校长们的改革热情；改革热情的下降，必然削弱了主动参与的精神。

如何超越这些不确定性的局限，在办学过程中充分发挥自身主观能动性和个体创造性，这是对校长的严峻挑战。

（二）校长要敢于面对来自社会非理性认识的挑战

当今社会，出现了全方位重视教育的现象：

政府不断提高对教育的认识，强化教育的战略地位；

教育者不断强化自身的教育意识，更加自觉地介入对教育的影响；

家长不断强化教育投资的意识，更加迫切地为孩子寻求优质教育；

传媒不断加强对教育的关注，更加主动地为教育擂鼓助威；

企业家们捕捉到了教育产业的商机，更加热情地想从办学中获取回报。

……

教育得到了社会全方位的重视，确实是民族之大幸，国家之大幸。然而，一旦这些重视失去了理性的制约而陷入了一种非理性状态，本来是大幸之事便有可能异化为大不幸。

当教育行政人员不断强化自身的教育意识、更加自觉地对教育采取主动介入的行为时，如果他们不懂得教育的规律，不尊重教育的规律，这些重视和介入很可能衍化为灾难：追求任期内政绩的心理，会导致对教育发展提出急功近利的要求；官本位意识，会导致对学校教育、对校长的办学行为横加干预。这样，一旦教育被异化为换取政绩的筹码，学校就很可能受上级领导意志所摆布。

当家长们不断强化教育投资的自觉意识、更加迫切地为孩子寻求优质教育时，如果他们不懂得教育的规律，不尊重教育的规律，望子成龙、望女成凤的心理很可能衍生出对孩子成长的不合理期望，建立在血缘关系基础上的私利性要求很可能弱化了教育的社会价值。

当传媒不断加强对教育的关注、更加主动地为教育摇鼓助威时，如果他们不懂得教育的规律，不尊重教育的规律，这些关注很可能成为对教育的干扰，这些摇鼓助威很可能会对公众产生误导。

当企业家们捕捉到了教育产业的商机、更加热情地想从办学中获取回报时，如果他们不懂得教育的规律，不尊重教育的规律，办学行为很可能演变为敛财手段，学校很可能就被异化为"摇钱树"，育人工作的神圣性便被侵蚀殆尽。

当校长面对来自上级领导意志的粗暴干预时，该如何坚持自己的职业良知？当校长面对来自家长的不合理要求时，该如何坚持自己的专业理性？当校长面对来自传媒的干扰时，该如何坚持自己的专业操守？当校长面对来自金钱与物质的诱惑时，该如何坚持自己的职业道德？当社会上这些非理性现象构成了沉重的压力时，当校长的专业权威遭受到来自多方面的伤害时，如何保证自己的办学行为不至于在重重压力下导致变形和扭曲，这又是一种严峻的挑战。

（三）校长要在应对挑战中体现自己的责任担当

人们常说，一名校长可以决定一所学校的成败兴衰。我对这句话的理解，并不着重于它揭示的校长在一所学校发展中所具有的影响和作用，以及学校的兴衰成败对自己工作业绩与职业声望的影响，我更在乎的是这句话揭示出来的校长的那种责任与使命。因为，一所学校的成败兴衰，具体而言，它关乎数以千百计的孩子能否健康成长、发育成才，关乎数以千百计的教师能否体现自身的存在价值获得工作的成就感、幸福感。大而言之，它关乎千百个孩子的家庭，关乎这些未来的社会公民对社会所产生的影响。

这种责任与使命，要求校长必须敢于应对各种各样的挑战。因为，他不仅仅是为自己的工作业绩而战，为自己的职业声望而战，也是为学生们而战，为教师们而战，为学生的父母们而战，为社会整体利益而战。责任感与使命感，赋予我应对挑战的信心和勇气。

我们身处的这个信息时代，社会的生产方式，人们的生活方式，甚至时空观念等都大大改变了，学校教育处于一种全新的社会环境、技术环境之中。面对时代与社会发展带来的动态性和不确定性，校长需要改善自身的思想意识、行为方式，以一种"超前思维"的思想状态主动适应时代要求，从容应对社会急剧变化带来的挑战，牢牢把握学校发展的主动权。

我们生活工作在一种俗世情境中而不是在一种真空环境里，免不了世事纷扰，承受着许多世俗压力。如何在抵御这些世俗压力中坚持追求自己的办学理想？学校历任校长的办学实践、华南师大附中的发展历史给我提供了参照系。

在学校创办初期，当人们还在摸索着社会主义新中国的学校到底应该如何办学的时候，华南师大附中就提出了课内打基础、课外展特长的办学模式。

在20世纪五六十年代相交之时，华南师大附中于一片浮躁、喧嚣中突围而出，创造了优良的教育教学质量，成为全国的教育先进单位。

在同样的学工、学农、学军活动中，华南师大附中没有放弃课堂教学，坚持进行学科教学活动，在全国恢复高考制度后便迅速建立起教学秩序和教学常规，成功地为多出人才、快出人才做出了贡献。

当人们都在课堂上争分夺秒地追求提高教学质量的时候，华南师大附中仍然坚持组织学生开展社会实践活动，让学生在参加农忙劳动中与农民同吃、同住、同劳动，到部队参加艰苦的军事训练以磨炼学生的坚强意志和坚忍品格。

当人们全身心应对升学率、统计数据和教学评价指标时，华南师大附中坚持实施自己的素质教育，甚至提出了青年马克思主义者的培养工程。

在以往的办学实践中，华南师大附中能够在抵御住各种各样的世俗压力中坚持追求自己的办学理想，历任校长们能够体现出自己的责任担当，靠的不仅仅是勇气和坚持，还展现出一种能够把握自身创造空间的能力。

理想与现实，是两种不同的境界。在理想与现实之间，存在着一个使二者连接起来的过渡区间。在这个过渡区间中，人们可以通过自身的主观努力，创造性地找到理想与现实相结合的连接点，找到一种将理想的完美性与现实的可行性统一起来的行动方式，从而为在理想的引领下实现对现实局限的超越提供了可能。

我想，我们不能只是空洞地强调校长的责任担当，空洞地谈论校长的理想追求，还须强调校长要具有超前思维，强调校长要有把握自身创造空间的能力。也许，我们可以把勇于担当责任、敢于追求理想、善于超前思维、能够把握创造空间，看作是一名校长在抵御世俗压力、超越现实局限时应该具有的基本素质和修养要求。

2006年秋，作者带领广州市首批优秀中小学校长赴美国范德堡大学培训期间，访问当地一所中学，观看该校学生乐队演奏后合影留念。

2006年秋，访问美国田纳西州纳斯维尔市一所著名
中学时与该校校长合影留念。

第二节　构建现代学校管理体系

——我的治校方略（一）

华南师大附中有着悠久的办学历史，历任校长为学校积累了丰富的办学经验，历届师生为学校创造了丰硕的办学成果。那么，在我当校长的这一时期，我又能为学校的发展做出怎样的贡献呢？

循着坚守与创新的原则，我希望能够以治校方略的形式，将学校以往丰富的办学经验整合构建成一个办学体系，在办学体系中确立学校未来的发展方向与路径。经过这个结构化过程，把坚守和发扬学校优良办学传统与创造新的办学成果、形成新的办学经验统一在一个系统工程中。

我将这个结构化过程命名为"12468工程"："1"是确立一个办学宗旨，"2"是把住"改革"与"建设"两个"抓手"，"4"是建立四个工作系统，"6"是确定学生素质培养的六个标准，"8"是提出学生毕业离校时要达至的八项发展指标。

一、确立办学宗旨

学校是一个育人场所，这是毋庸置疑的。然而，学校要育出什么样的人，又该如何育人，则取决于一所学校所遵循的办学宗旨。遵循什么样的办学宗旨，就有什么样的办学行为、教育内容以及育人方式。

回顾华南师大附中的前身——格致书院、并校前其他三所学校以及华南师大附中创办初期的办学历史时，我们发现它们的办学宗旨虽然各有差异，但都具有共同的要素，那就是以新教育为新社会培育新人才。借鉴这些历史经验，我将任内学校的办学宗旨提炼为"以完整的现代教育塑造高素质的现代人"。

一个优质教育品牌，有如一个著名企业，都需要有一个能够鲜明表现其自身特征、为社会广泛认同和接受的识别系统。如果把"以完整的现代教育塑造高素质的现代人"看作是华南师大附中的理念商标，那么，其中"完整""现代"和"高素质"这三个关键词，就是这个商标的构成要素。

1. 完整

学校施行的教育，应该是完整的，而不是零碎的，更不应该是片面的、偏颇的。那么，该如何理解这个"完整"的内涵呢？

我以为，我们所追求的教育完整性，首先体现在我们所选择的办学模式上。我们要摒弃片面的应试教育模式，摒弃只重智育而忽视德育、体育、美育、劳动教育的办学行为，实施"全面的素质教育"，以全面的教育质量观为指导，让学生的整体素质得到全面完整的发展。

学校教育的完整性，体现在我们设计培养目标时，既重视学校教育的社会功能，也重视其中的个体发展功能。从社会的角度来说，我们要把学生培养成能够对社会做出贡献的"社会主义建设者和接班人"[①]；从个体发展的角度来说，我们要让学生在理论素养、践行能力、心理素质和行为特征等方面获得整体发展，并在面对全球化的时代发展潮流时，能够在政治性、民族性、时代性和人类共同性的教育培养方面为学生进入全球化发展奠定基础。

学校教育的完整性，体现在我们构建的课程体系上。我们要建立一个由规定性课程与校本课程、常规课程与社会实践活动课程、显性课程与隐性课程等综合构成的课程体系。

学校教育的完整性，体现在我们设计的教育活动上。我们既强调要选择合适的教育方式，也强调要创设有效的教育情境，要建立一个包括理论指导、活动熏陶和实践体验"三位一体"的教育活动体系。完整，既包含全面性，又包含全程性，还包含了系统性。

2. 现代

施行现代教育，于现代社会中的学校而言，本来就是不辩自

① 江泽民总书记1990年6月26日到华南师大附中视察时给全校师生题词："坚持正确的办学方向，培育社会主义建设者和接班人"。

明的必然之举，何以我们还要郑重其事地将其作为办学宗旨来秉持呢？那是因为我们看到了当今学校教育中的乱象，看到了"正常的变成不正常，不正常的变成了正常"的价值迷失，看到了"久入鲍鱼之肆而不闻其臭"的异化与堕落。有鉴于此，我们才要进行价值澄清，才要不忘初心，坚持初衷，让我们的学校体现出现代化的时代要求。

我们希望从以下几个基本方面反映出学校教育的现代性特征。

一是在思想观念方面。无论是教育思想、教学思想，还是管理思想，也无论是人才观、质量观，还是学生观，我们都要自觉转变思想，更新观念，体现出社会发展、时代进步的要求。

二是在改革意识方面。我们要正视教育自身具有的滞后性特征，自觉地以一种科学的、实事求是的态度，在课程体系建设、课程设置、教材增删、教学方法、课堂活动组织形式等各个方面，主动研究，敢于改革，以人的主观能动性来超越滞后性的局限，让我们的教育能够与时俱进。

三是在方法技术方面。我们要自觉掌握现代教育技术，广泛使用现代教育仪器设备，让现代科技深度介入我们的教育教学过程，让现代管理技术和方法进入校园，让我们的校园体现出信息化的时代特点。

3. 高素质

多年来，华南师大附中的毕业生，大部分都进入了全国重点大学或国际著名高校。他们从高等学府毕业进入社会之后，有相当数量的人才或成为行业领军者，或进入政治、经济、文化、科技等工作领域，或进入各级政府领导岗位，从而在不同领域、不同层级对行业发展、科技文化创新，甚至是社会管理、政治决策等都会产生不同程度的影响。他们不但要面对当代社会激烈的市场竞争，而且要面对更为激烈的国际竞争。他们的素质和能力，将在一定程度上决定着一个行业、一个地区的发展，甚至是国家和民族在未来国际竞争中的前途和命运。

基于这样一种客观事实，我以为，我们要敢于以一种大格局、大抱负来设计学校的培养目标、人才规格，促进学生在校期间的发展，让他们具有与未来社会角色相适应的良好素质。

联想到邓小平同志提出的"三个面向"要求，我觉得，在"面向现代化"方面，我们应该培养学生能够主动适应时代和社会发展的要求的素质，具有自主驾驭自身发展的能力；在"面向世界"方面，我们应该培养学生在全球化的文化情境中具有相应的文化选择能力，能够融会贯通，辨别是非；在"面向未来"方面，我们应该培养学生脚踏实地、洞悉趋势、引领潮流的素质和能力。

我们的设想是，华附人应该在政治、思想、道德、学业等方面得到全面和谐发展，具有政治觉悟、思想活跃、道德高尚和学业优秀的综合性品质；我校培养出来的毕业生，不但要有学业上的佼佼者，也要有道德上的楷模，有政治上的先进分子，有青年马克思主义者。他们都能够为民族振兴和祖国繁荣做出应有的贡献。

二、细化目标要求

以往的学校教育，曾经留下过沉重的历史教训，那就是假、大、空肆行。

当我们以一种大格局、大抱负来设计学校的培养目标、人才规格时，如何不重蹈覆辙，如何避免徒有其大却空洞玄虚的弊端，就需要我们倍加谨慎。要实现对学生高素质的培养，我们不但要有"高大上"的设计，还须有具体、实在的要求，于细微处见精神，在扎实上下功夫。

为此，我们进一步细化对学生发展的要求，提出了培养学生的六个标准，提出了学生毕业离校时必达的八项指标。

（一）人才培养的六个标准

人才培养的六个标准，包括基础扎实、特长明显、素质全面、能力多样、人格健全和适应性强。

1. 基础扎实

基础教育，必须注重基础，要为学生日后的发展夯实基础。而对"基础"的理解，我们认为，不能只局限在基础知识和基本技能上，我们的教育，要为学生打好做人的基础、求知的基础和身心健康的基础。

2011年底，作者与参加"成人礼"活动后的高三学生合影留念。

2. 特长明显

基础教育阶段，既是青少年打基础的关键期，又是青少年发现、发展兴趣爱好，逐步形成个性特长的关键期。我们要从社会多样性、个体独特性的角度看待学生个性特长发展的重要性。每一学生个体都有自身的优势和长处，教师要善于发现、鼓励、支持和帮助学生发展自己的个性特长。

3. 素质全面

素质的含义是广泛的，我们这里所指的，主要是思想政治道德素质、科学文化素质、劳动与职业技术素质、身体与心理素质，以及审美素质、社交素质等。要求学生素质全面，不等于要求学生的素质达到完美无缺的水平，而是要求学生在学习和实践锻炼中形成终身受用的意识、习惯、方法及能力。

4. 能力多样

能力是一个具有广泛性的概念，是内在素养在现实场景中的状态。对于青少年学生来说，其基础能力包括学习能力、生活能力、思维能力、交往能力、适应能力等基本范畴；每一个基本范畴，又可以外延指向于不同的项目，由此构成了一个庞大的、具有多样性的能力体系。在各种能力的总体构成中，至关重要的是思维能力和适应能力。思维能力呈现的是个体内在的思维品质，适应能力呈现的是个体外显的生存状态。学生在校期间的能力发展状态，将在一定程度上决定着其日后社会化过程的生存状态。某些基本学习能力之外学生整体能力的弱化现象，影响了学生发展的整体水平。

5. 人格健全

人格是个体个性心理品质的总和，也是性格、情感、气质的综合表述。我们提出人格健全的培养要求，其内涵是培养学生对真善美的向往和追求，以及阳光健康的个性特征。

求真，是要培养学生实事求是、坚持真理、不屈从权势、不趋炎附势的品格；求善，是要培养学生"珍惜生命，同情弱小""与人为善，善解人意""严于律己，宽以待人""疾恶如仇，从善如流"等品德；求美，是要培养学生对志存高远、淡泊明志的美德，雅俗共赏、志趣高尚的审美情趣，健康活泼、朴素大方的审美形象，富于创新、追求完美的审美理想等多方面的理解和追求。

阳光健康，指的是积极向上的精神状态及平和稳定的心理状态。在现实生活情境中，学生可能会遇到许多不尽如人意的事情；在课堂学习情境中，学生可能会遇到许多挫折和失败；在人与人的交往中，学生可能会遇到许多疑惑与困难。如果能够让学生以积极向上的精神状态与平和稳定的心理状态应对这些问题，就会在"转身面对阳光，把阴影留在背后"的乐观状态中平添几分幸福感。

6. 适应性强

适应性是个体综合素质的典型表现。适者生存是一种自然发展规律和社会发展规律。培养学生在学习生活中的适应性，表现在对不同学习阶段不同要求的适应，对不同科目、不同教师、不同教学方法和管理方法的适应，对不同学习内容相应要求等多方面的适应能力。培养学生对社会生活的适应性，表现在对各种社会生活情境以及自然、人文环境的适应，在面对语言、文化、贫富、气候、饮食、时差等差异现象时能够理解、认同、适应与融合，为学生未来走进社会、走向全球化发展打下良好基础。

（二）毕业生离校时必达的八项指标

我们希望，经过三到六年的教育、熏陶和培养，附中的学生在毕业走出校门时，能够具备和掌握以下八种基本素质或技能：

怀有一颗热爱祖国、报效祖国的红心，并养成一套良好的做人规范；

能讲一口标准的普通话和流利的英语；

能写一手端庄的毛笔字和硬笔字；

养成良好学习习惯，形成一套科学的学习方法，有一门最喜爱且有特长的学科；

养成经常锻炼的习惯，并有一项体育专长；

具有良好的审美修养，掌握一项乐器演奏技能；

掌握利用电脑和网络进行学习的技能；

练就一项实用性强的劳动生活技能。

2010年以后，华附每年的高中毕业典礼都更加重视仪式感。每个毕业生逐一上台领取毕业证书，并与作者合影留念。

以三年时间，达到这八项指标的要求，对学生来说，并非难事。其中大部分内容，已经内化在学校的日常教育、学科的课程学习当中；一些内容，如操作电脑、利用网络资源，已经成为学生的生活常态。比较特别的，就是掌握一项乐器演奏技能和练就一项实用性强的劳动生活技能这两项了。其实，由于学校有硬性要求，学生自己也付出相应努力，毕业时要达到这两项指标要求，用学生自己的言语来说，那就是"洒洒水"①的事情。然而，掌握了一项乐器演奏技能，就能给生活平添不少乐趣；练就了一项实用性强的劳动生活技能，便提升了几分生存能力。也许，这就是对我们学校教育"于细微处见精神"的最好诠释。

我们把"六个标准""八项指标"作为华附人高素质培养的具体要求，既体现了基础性、全面性、适应性、发展性的基础教育要求，也反映出我们如何把教育的完整性落到实处。

三、创建工作模式

当上校长之后，我更深刻地感受到与副校长在管理工作方面的区别。副校长，他只需管好自己所主管的那个工作范畴，如德育、教学、行政、后勤服务等；作为校长，却要管理好由各个工作范畴组成的整个学校工作系统。具体而言，在担任主管德育副校长时，我只专注于如何构建起学校的德育工作格局，提炼出学校的德育模

---

① 粤语方言，形容小事情或容易完成的事情。

式；当上校长之后，我必须全面关注德育之外的其他工作范畴，与同事们一起构建教学、行政、后勤服务的工作格局，提炼出各具特色的工作模式。这是对我管理素质的一种考验，也为我提供了一个崭新的发展平台。

如果说，在工作任期内我需要做出一些有别于历任校长的事情，让学校得到新的发展，那么，把学校以往成功的办学经验进行一番具有管理学意义的提升，就是一件实实在在的事情。

于是，我借鉴主管德育工作时的经验，与同事们一起研究如何在建立各个范畴的工作格局中构建其工作模式。我们的思路是，根据不同工作范畴的性质、特点，赋予其工作模式一种鲜明的特征，用以形成新的工作规范，追求新的提升与发展。

在大家的共同努力下，我们分别构建起以立志成才为主题的激励型德育模式，以因材施教为核心的个别化、个性化教学模式，以优质高效为标志的效率与效益型后勤服务模式和以科学民主为目标的舒畅型行政管理模式。

（一）构建以立志成才为主题的激励型德育模式

在担任主管学校德育工作副校长的时候，我就着手构建学校的德育工作格局。经过了多年实践，在走上校长工作岗位之后，我和同事们对华南师大附中的德育模式进行进一步的提炼。

以立志成才为主题是我校德育工作的传统，激励型则揭示出我校在德育工作改革中的新经验、新追求——以激励为主要手段，以充分发挥学生的自主作用为前提，为学生的发展创设一种宽松、富有创造空间的成长环境。

多年前，我就在一篇文章中提出：

在学生学习接受马克思主义的活动中，不能只是强调灌输性的学习，必须创造出一个安定团结、民主和谐的校园社会环境，让学生在这个环境中通过学习、比较、实践和体验，逐步接受马克思主义的观点。

学校教育是一种带有约束性、规定性的教育，但思想观点的形成却是不能强制的。在改革开放的社会条件下，对马克思主义的认识，只有在民主和谐宽松的环境中才能有效地得到提高。没有民主和谐，就没有生动活泼；没有生动活泼，则难以做到心悦诚服。

学校是育人的地方，更应该努力造就一种让人才脱颖而出的环境——民主和谐，安定团结，宽松活跃。

我校的激励型德育模式，不但从教育方式方面要求我们坚持以正面激励来激发学生的主体性、自主性，从校园文化环境方面要求我们创设一种富有感染力的激励氛围，而且从机制特征方面要求学校的德育工作体系具有一种激励、整合功能。

我意识到，当这个合力系统把各方面的影响力整合成为一种综合性的合力之后，班级、学生会、团委、德育处等各个工作层级的活力和创造性就可以优化整合为"1+1＞2"的合力系统，在力度、强度和深度等方面都能增强学校教育的影响。而在教育过程中表现出来的自主性，又使人——无论是教育者，还是教育对象——的主观能动性和潜在创造性得到充分的发挥。这两个方面的优势，从运行机制方面保证学校德育的效果和质量。

于是，在学校已有成果的基础上，我们从管理学的角度将学校的德育工作经验提炼为一种以立志成才为主题的激励型德育模式。

（二）构建以因材施教为核心的个别化、个性化教学模式

因材施教，是我国教育文化传统中一直在追求实现的教育理想。

早在20世纪50年代，华南师大附中就创造了课内打基础、课外展特长的经验，在"课内"这个常规教学系统之外，通过"课外"这个活动系统以因应学生的个性才能特点为其提供相应的发展条件。

八九十年代，进一步开展课外活动系统的课程化建设，类似少年宫一样为学生开设了自选式的课外选修课程。

在这些经验的基础上，我们把华南师大附中课内课外互补的教学体系提炼为一种以因材施教为核心的个别化、个性化教学模式，在强调因材施教的基础上进一步突出了教学上对个别化、个性化的

要求。我们认为，既然是一种教学模式，就不应只局限在我们能够为学生提供一个个别化、个性化的课外发展平台，还要主动介入到常规课堂教学之中，利用电脑、互联网的一切优势，探索在常规课堂教学中也能有效地促进学生个别化、个性化发展的途径和方法。

如何构建这个以因材施教为核心的个别化、个性化教学模式呢？我们形成了这样的思路：

在课程体系方面，要建立一个规定性课程与选择性课程相结合的课程结构；

在教学过程方面，追求高新技术深度介入与师生创造性充分呈现的局面；

在教学关系方面，要建立主导与主体互补互动的师生关系；

在教学组织形式方面，进行统分结合、灵活多样的尝试和探讨；

在学生学业发展评价方面，要建立一个考试成绩与特长认定的评价体系。

我们相信，在构建以因材施教为核心的个别化、个性化教学模式的过程中，一定会进一步提升学生的发展质量，促进教师的专业提升，实现学校的可持续发展。

（三）构建以优质高效为标志的效率与效益型后勤服务模式

许多人以为，学校的后勤服务系统，似乎与师生发展、教学质量没有什么直接的关系。在学校后勤服务系统的工作人员，也因此认为自己低人一等。这样的看法，常常导致学校管理者轻视了后勤服务工作的存在价值，后勤服务工作人员也轻视了自身的存在价值，影响了学校后勤服务的质量和效益。

在我看来，学校中的任何工作岗位，都是彼此相关、相互依存的。比如在办学条件比较落后的学校，那个为上下课敲钟的职工是否按时敲响钟声，就直接影响着学校的教学秩序是否正常。一个负责文印的工作人员，在印刷考试试卷的时候，卷面是否清晰，夹带多少空白纸页，他的工作质量就直接对考试质量产生着影响。更不用说食堂的餐饮质量、校园的环境治理所产生的影响了。因此，如何显示后勤服务工作的价值，如何提高后勤服务工作的质量和效益，也是一个校长治校方略中的重要构成部分。

深入研究了学校后勤服务工作的性质和特点之后，我们提出了要在华南师大附中构建一种以优质高效为标志的效率与效益型后勤服务模式。

这种工作模式，强调的是优质高效、效率、效益。为什么要突出这些鲜明的特点和要求呢？其中的道理不言自明。我们更关注的，是从哪些方面着手构建这样的工作模式。我们的基本思路是：

强化"服务教学，服务师生"的自觉意识；

强调"精打细算，勤俭持家"的工作宗旨；

设置"职责分明，精简高效"的工作岗位；

建立"合理健全，各司其职"的制度程序；

形成"雷厉风行，注重实效"的工作作风；

培养一支"素质与专业化水平不断提高"的后勤服务工作队伍。

自古有云：三军未动，粮草先行。其中强调的就是后勤服务工作在军事行动中的重要地位。虽然学校不是军队，但学校的后勤服务也对师生发展、学校发展产生着不容忽视的重要影响。况且，学校的后勤服务还有着"学校"的特点，那就是我们经常强调的"服务育人"。后勤服务工作人员的仪表、态度、工作质量，就是一种教育因素，对学生产生着并非言传却是身教的潜移默化影响。更何况，学校后勤服务工作直接为师生发展、学校发展营造出一个谁也无法置身其外的校园物化环境、文化环境。

所以，在我的治校方略中，后勤服务领域的工作始终占有重要的地位。

（四）构建以科学民主为目标的舒畅型行政管理模式

无论是德育模式、教学模式还是后勤服务模式，其建设质量、工作质量，都受到一种关键因素的影响和制约，这就是学校的行政工作。管理学的角度来看，如果说德育工作、教学工作、后勤服务工作三者之间是一种平行关系的话，那么，行政工作与上述三者之间就具有一种纵向关系。这种纵向关系，显示的并不是一种人事制度之间的从属关系，而是一种工作系统之间的结构关系。因为其他三种模式建设和实施过程中涉及的政策制定、资源配置、质量保障、效益评估等，都需要一个相应的行政工作系统予以配合，提供支持。

根据行政管理工作在整个学校工作系统中的功能和作用，在深入研究中，我们将学校的行政工作模式命名为"以科学民主为目标的舒畅型行政管理模式"。

华南师大附中的行政管理模式，首先强调的是"科学"，遵循规律就是科学。学校的行政管理工作，不但是对事务的管理，更是对人的管理；不但要管理决策的制定，更要管理决策的执行；不但要管理资源配置，更要评价质量和效益；不但要进行终极评价，更要注重过程评价……面对纷繁复杂的管理对象，从事行政管理的工作人员，必须强化自身的科学意识，运用科学的管理理论，选择合理的管理方法，创造良好的管理效益。

行政管理模式的鲜明特征就是强调"民主"，大众参与就是民主。在学校所有的管理事务中，其核心是对人的管理。而学校中的人，又与其他社会组织群体有着鲜明的角色差别。学校中的两大群体——教师与学生，一个是教育者群体，一个是受教育者群体。

从教育者群体的社会角色特征来看，在教书育人过程中，面对充满差异性的学生群体，面对充满动态性的教学情境，面对具有主观能动性的教育对象，教师会遇到各种各样的不确定性，需要最大限度地发挥自身的主观能动性和个体创造性去应对这些不确定性。因此，在教师管理方面，如果缺乏民主和谐的氛围为教师创设良好的心理环境，必然影响教师主观能动性和个体创造性的充分发挥。

从受教育者群体的社会角色特征来看，学生皆处于社会化过程，在认知、品德、心理发展方面，都处于发育、发展过程之中。在这个从不成熟到成熟、从不懂规范到自觉遵守规范的发展过程中，学生会遇到许多困惑、难题甚至挫折、失败；进入成人社会后，会出现许多矛盾、冲突、逆反甚至对抗现象。在对学生的管理中，我们需要营造一种民主和谐的氛围，让学生在一种温暖、温馨的环境中更好地完成其社会化过程。

我们希望，通过创设一种科学、民主、和谐的管理环境，让我们的教师都能舒适地工作，让我们的学生都能舒畅地发展。

我们从以下几个方面去构建学校的行政管理模式：

在管理体制方面，形成了行政主导，党群保证的制度特征；

在管理思想方面，形成了以人为本，惜才善用的思想特征；

在领导作风方面，形成了勤奋务实，干练廉洁的工作作风；

在人际关系方面，强调要建立团结协作，和谐舒畅的人际关系，培养举校一致，休戚与共的团队精神；

在评价机制方面，强调要建立一个有效的褒扬先进，倡导创新的激励机制为保障。

四、构建课程体系

在学校教育中，培养什么人，也就是人才培养规格，说到底是由课程体系决定的。

我们要实现"以完整的现代教育塑造高素质的现代人"，最终要落实在有一个可以与之相配套的课程体系上。

正当我们在研究如何建立一个与我们的办学宗旨相配套的课程体系时，1999年，中共中央、国务院在《关于深化教育改革全面推进素质教育的决定》（中发〔1999〕9号）中提出要调整和改革课程体系、结构、内容，建立新的基础教育课程体系，试行由国家课程（国家规定的必修课）、地方课程（地方政府规定乡土教育、法制教育等）、校本课程（学校开设的有学校个性特色的课程）相结合的课程体系。

自华南师大附中创建以来，学校的课程改革就一直在路上，从没停止过。20世纪五六十年代，学校就建立起一个"课内打基础，课外展特长"的课内外互补的课程结构；七八十年代，以语文、数学、外语等科目率先开始、各学科相互跟进的课程改革；九十年代之后，学校的校本课程、社会实践活动课程等相继进入了体系化的建设进程。

在21世纪初我国进行新一轮课程改革的背景下，我们把学校以往进行课程改革的做法和经验进行深入的总结和提升，进一步构建起学校的课程体系。

（一）从课程类别、知识覆盖面、功能特征三个维度构建校本课程体系

我们认为，要体现我校办学宗旨中的"完整的现代教育"内涵，要培养"高素质的现代人"，就需要在国家规定性课程体系之外，构建一个课程类别更多、知识覆盖面更广、功能特征更全的校本课程体系，以满足现代人才素质的综合化、个性化需要。

1. 以更多类别的课程满足现代人才素质的综合性要求

我们借鉴当今国内外课程改革的有益经验，设计出具有不同功能特征的课程类别，分别从学科深化、知识拓展、能力提升、实践体验、技能培养、规划指导和大师引领等不同侧重点影响和培养学生的综合素质。（详见下表）

课程类别	课程功能
学科深化类	侧重培养学生的科学精神和科学态度，提高人文素养，学习科学方法
知识拓展类	侧重培养学生的前瞻意识，拓宽国际视野，陶冶审美情趣，夯实厚实基础
能力提升类	侧重培养学生的创新意识和创作才能，提升领导能力和探究能力

（续表）

课程类别	课程功能
实践体验类	侧重培养学生的共生意识和关爱生命意识，培养学生的合作竞争精神，锻炼学生的意志品质
技能培养类	侧重培养学生的创造技能和运动技能，提高操作能力，施展表演才艺
规划指导类	侧重开展学生学业发展、生涯规划、生活指导和健康心理的指导
大师引领类	通过领略大师风采、分享大师成功人生，关注社会问题，振兴民族精神

2. 以更丰富的选修科目满足学生的个性发展需要

学生的个性才能具有差异性，人的智能特征具有多元性。校本课程的开设，就是在实现国家规定性课程基本的统一要求之外，满足学生的个体差异和智能多元的发展要求。据此，我们从国家课程中的学科课程延伸出去，开设更多的选修科目，以满足学生的不同个性发展需要。（详见下表）

开设部门	主要选修课	面向年级（招生人数）
政治科组	经济常识、学生公司、时事纵横、西方哲学史、中华文化等	高一、高二（240人）
语文科组	走进散文大世界、走近国学、古诗文鉴赏、阅读与写作等	高一、高二（180人）
数学科组	数学欣赏与探究、数学建模、数学思维与方法、数学实验、高中数学特长培训等	高一、高二（357人）
英语科组	英语课外阅读拓展，英语歌曲欣赏，英文写作基础，日、法、德语选修等	高一、高二（320人）

（续表）

开设部门	主要选修课	面向年级（招生人数）
物理科组	物理实验探究与思维训练、物理实验探究、军事与物理科技、高中物理特长培训等	高一、高二（300人）
化学科组	物质结构和性质、化学思维方法和化学实验、高中化学特长培训、高中化学元素化合物知识研究等	高一、高二（232人）
生物科组	生物创新研究案例分析与实战、高中生物特长培训、生物创新实验研究等	高一、高二（115人）
历史科组	宗教与文化、中外历史人物评说、文化遗产荟萃、历史与人生等	高一、高二（250人）
地理科组	天文特长培训、聚焦人文地理、环保与旅游、地理实践探究	高一、高二（110人）
信技科组	图像艺术、人工智能初步、趣味程序设计、高中信息学特长培训等	高一、高二（40人）
通技科组	家居生活技术、DI竞赛培训、创意发明设计与制作、简易机器人制作等	高一、高二（18人）
美术科组	学生陶瓷俱乐部、手机摄影摄像艺术、漫塑、绘画提高、绘画基础等	高一、高二（70人）
音乐	古典音乐欣赏、歌唱小组等	高一、高二（60人）
体育科组	羽毛球俱乐部、网球俱乐部、田径中长跑业余组、水中自救与游泳技术提高、乒乓球俱乐部、篮球俱乐部、健身俱乐部、游泳俱乐部等	高一、高二（74人）
教辅人员	现代电子技术、无线电测向与工程制作、"微言堂"读书之旅等	高一、高二（92人）
外聘人员	日语基础班、日语提高班、德语基础班、德语提高班、法语基础班、法语提高班	高一、高二（180人）

（二）把各种教育活动纳入校本课程的设计体系，
构建一个与学科课程互补的活动课程体系

附中通过构建一个活动课程系统，与学科课程系统互补，全方位发挥校园生活的育人功能，为培养学生的综合素质、发展学生的个性才能创设更多的平台。

1. 校园节日教育活动课程

我校以"寓教于乐，教育生活化"为指导思想，以"承继文化传统，展现青春风采，展示个性才能"为课程目标，以自设的校园节日活动为课程内容，对各种节日活动从主题、内容、时间、空间等进行综合性的课程化规划。（详见下表）

关于各种节日活动的课程化规划

节日名称	活动目的
中华传统文化节	通过文化节的系列活动，能激发学生对中华传统文化的学习热情，提高学生对传统文化的认知水平，从而内化为自身的素质修养，理解传统的理念和道德文明，则可帮助学生处理好人际关系、明确人生价值、提升人伦道德，更好地继承和发扬中华文化传统。在日常的学习、生活、交往中自觉践行，进而形成华附人特有的儒雅风度。
体育运动节	通过体育节的系列活动，调动学生积极参与体育锻炼的热情，逐步在广大学生中形成了热爱体育、崇尚运动、健康向上的良好风气；同时，让学生分享运动的快乐，增强合作竞争的意识，磨炼攻坚克难的意志品质，提高学生运动水平和身体素质。

（续表）

节日名称	活动目的
青春旋律艺术节	通过艺术节的系列活动，丰富校园文化生活，陶冶学生的高尚情操，营造浓厚的艺术氛围，展示学生自我风采。
心理健康节	每逢春季，学校举办心理健康节，简称"心理节"。心理节共举办两周时间，开办现场心理咨询与测试、《心灵导航》班刊展示、心理影片赏析、心理知识竞赛、心理趣味游园等五个活动板块。通过活动让学生关注心理健康，热爱生命，正确对待挫折，阳光快乐成长，充分激发个人潜能。
英语节	通过英语节活动，让学生体验参与，充分展示了学生英语听、说、读、写应用能力和多方面才华，大批优秀英语学习者涌现了出来，众多学生得到启发和感染，英语学习兴趣得到强化，英语沟通实践能力得到增强。从中克服各种困难，特别是心理障碍，战胜自我，最终获得了自信。使用英语，体验英语，享受英语，这是我们英语节不变的主题。
科技节	通过科技节的活动，增强学科组重视科技课程的意识，进一步普及科技教育，拓宽学生视野，丰富科学知识，充分发挥学生个性特长，培养崇尚科学、热爱科学的精神，增强和提高学生的创新意识和实践能力。

2. 学生社团活动课程

附中以"自主发展，自我组织，自我管理，自我成长"为指导思想，以"增长知识，活跃思想，启迪思维，调节情绪，发展个性，锻炼才干"为课程目标，把学生社团活动从一种自发、自为的存在状态推进到一种有组织目标、有发展规划、有活动设计、有运作常规的课程化状态，为发展学生的个性才能、提高学生的综合素质和能力打造出丰富多样的平台。

附中的学生社团有：华附学生电视台、华附学生广播站、华附礼仪队、青年志愿者协会、模拟联合国、国学社、华附心理社、追梦文化社、未央辩论社、华附博冠天文社、猎户座（无线电测向）、观鸟社、AI机器人社、数字偶像社（So社）、OI信息社、万语社、未来生命俱乐部、MESS经济社、Unique时评社、KIWI工艺社、刺绣与DIY社、CA漫画社、INFO杂志社、飞絮文学社、摄影社、华附棋艺社、魔方社、器乐社、电影社、HeartFlow街舞社、Zeep表演社、魔术社等。

3. 综合实践活动课程

附中以"放眼社会，心系天下"为指导思想，以"了解社会，体察民生，服务公益"为课程目标，把社会实践活动设计为综合实践活动课程，让学生从校园走进社会，在多种形式的社会实践活动中激发和培养学生的社会责任感。

附中的综合实践活动课程系列包括：

从20世纪80年代开始，我校的化学、物理、生物等相关学科的兴趣小组便走进工厂、农村，把校内的研究性学习放到社会的开放实验室中进行课题研究和科技创新活动，发展到今天已经产生了一批跨国合作考察研究项目。

从20世纪90年代初开始，我校坚持定期组织学生到农村与农民同住、同吃、同劳动，了解"三农"（农业、农村、农民），体察民生，从中激发和培养学生的社会情感和社会责任感。

进入21世纪以来，我校坚持组织志愿者活动，参加社会公益服务；每年的寒暑假，都布置学生开展社会调查活动，撰写社会调查报告。

4. 高端学术讲座课程

附中以"与大师对话，育青春激情"为指导思想，以"感受名师风采，燃烧心智火焰，澎湃心理能量，放飞青春梦想"为课程目标，以华附讲坛为教学形式，请国内外的名家大师来开设高端讲座，让学生在名家大师的感染下孕育青春激情。

（三）在课程体系建设中培育一种文化精神

我深深体会到，校本课程体系的建设过程，同时也是培育一种勇于追求、敢于担当、善于超越的学校文化精神的过程。

在片面追求升学率现象肆意蔓延泛滥的现实情境中，任何课程改革，都要面对着可能影响升学率的风险；任何改革者，都直接承受着沉重的世俗压力。我校的课程体系建设，正是在面对着可能影响升学率的风险、承受着沉重的世俗压力中坚持前行。这些坚持，不断强化着我们那种敢于担当的历史责任感和时代使命感。

改革，则意味着突破和超越。学校课程改革，需要全校广大教师在更新观念、调整知识结构、设计课程、编写教材、改革教学组织形式，乃至引领学生转变学习方式等诸方面，突破以往的局限，以自觉的超越意识参与校本课程体系建设。而我校的教师队伍，也在研制课程、开设选修课中拓展自身的专业范畴，促进着自身的专业提升。

多年来，我们通过会议、培训、研讨、学习等多种方式和途径，努力让系列命题转化为广大教师的共同认识并内化为一种自觉意识：

要形成勇于改革，敢于承担，善于超越的学校文化精神；

要坚持以人为本，满足学生个性化发展要求的课程价值观；

要体现多样化，特色化，精品化，国际化的课程发展策略；

要构建国家规定性课程与校本课程互补的大课程体系。

……

我欣喜地看到，我们的校本课程体系建设，不但构建起一个体现我校办学宗旨、结合我校师生实际、符合时代与社会发展要求的课程体系，更培育了一种勇于追求、敢于担当和善于超越的学校文化精神。

五、建设教师队伍

所谓"教学相长"，人们通常理解为教师与学生这两个群体互补互动，相互促进，共同发展。实际上，根据《礼记·学记》对"教学相长"的解释："学然后知不足，教然后知困。知不足，然后能自反也；知困，然后能自强也。故曰：教学相长也。"古人所谓的"教学相长"，强调的是个体在"教"与"学"这两种行为中的自我转化、自我发展。也许，人们提倡教师要努力实现"不要只做教书匠，更要努力成为教育家"的转型发展时，更多的是体现古人对"教学相长"的理解，让教师们善于在教中学，不仅要学习知识、方法、技能、技巧，更要在努力提高理论素养、形成自身观点主张中实现自我提升、自我超越、自我造就。

我认为，加强学校教师队伍建设，不仅仅是基于时代发展要求、事业发展需要，也是基于行业特征要求、教师自我发展需要。如果说，时代与事业要求是着眼于宏观层面上的话，那么，职业特征要求，就属于中观层面，教师自我发展需要就是微观层面。事情可以从宏观层面说起，但却要从微观层面做起。这就是我在加强学校教师队伍建设中的体会和经验。

（一）开设选修课，为满足教师自我发展需要提供平台

我们把开设选修课视为促进教师自我发展、促进教师专业提升的队伍建设战略，鼓励教师根据自身的个性才能，突破学科界限，超越专业范畴，根据学生的需要设计校本课程，为学生开设选修课。

在附中为教师开设的选修课中，存在着大量跨专业现象——不少教师开设的选修课并不局限于自己的学科专业，有的选择开设邻近专业的课程，有的选修课甚至出现了贯穿文理专业的跨界现象。

教师在开设选修课中实现了自身的教学相长，必选课与选修课的互补互动促进了教师自身的专业提升，学科界限的突破、专业范畴的超越改善了教师的知识结构，提高了教师的综合素质。如同在战争中提升队伍的战斗力一样，我校教师队伍在开设选修课中，发挥了潜在能力，增强了创新能力。

在鼓励教师开设选修课时，我们依据系统论"1 + 1 > 2"的理论，通过对上课时间、课程计划、教学内容、教学组织形式、课时任务等进行综合性的系统规划、设计，对教师队伍进行资源重组配置，在不影响执行国家规定性课程计划、不超越法定教师工作负荷的前提下，挖掘潜力，最大限度地释放出教师队伍的工作活力，为开设选修课提供人力资源保障，也为教师的自我提升创设了平台。

（二）开展课题研究，为激发教师思想活力创造条件

就自身的成长经历而言，从"六五"期间开始所参加的各项课题研究，对于激发我的思想活力、提高自己的理论素养产生了极大的推动作用。就学校的发展而言，在研究中实现改革、突破和创新，也积累了丰富的经验。我将这些体会和经验概括为：加强教育

科研，在将最新的教育科研成果引入教育教学过程中激发思想活力，提升创新能力。

学校组织不同的教师队伍，分别承担国家、省、市等各种级别和层次的教育科研课题。

我们鼓励教师个人积极申报各级各类研究课题，在研究中成为专家型和学者型的人才。

我们邀请大学和科研机构的著名学者、研究人员到学校跟教师们开设讲座，以自然科学、社会科学发展的前沿课题和已有成果激发教师的思想活力。

我们建立起科研基金申报制度、科研成果奖励制度、学术交流资助计划和著书立说资助计划，为推动教师的转型发展提供制度保障。

教师们参加教育教学科研的风气日渐浓厚，形成了学校有课题、学科组有课题、年级备课组有课题、教师个人有课题的全员参与局面。

在参加国家级、省级、市级、校级等各类课题中产生的研究成果，不但显示出教师们的思想活力，展示出教师们的创新能力，也增强了学校发展的软实力。

（三）坚持以人为本，为体现人文关怀提供制度保障

我认为，学校教育要坚持以人为本，不但要坚持以生为本，也

必须坚持以师为本。"以生为本"是对学生教育而言的，"以师为本"则是对教师管理而言的。一所学校，如果不能体现"以师为本"，也就难以保证其能够"以生为本"。因为，"以生为本"是通过教师来实现的，如果教师自身都得不到学校的人文关怀，又怎能奢望通过他们让学生感受到人文关怀呢？

在教师队伍建设中要体现以人为本的精神，就必须有相应的制度保障。我们试图通过以下管理制度，让教师感受到学校的人文关怀，让教师队伍得以不断优化，保持高水平发展。

建立导师制，助力新教师成长。对新进入学校工作岗位的教师，学校为其配备两个导师：教学导师和班主任导师，导师一带三年，以帮助这些新手更快进步成长。

健全学科组教师和年级组班主任的集体备课制度，在形成团结、和谐、合作的团队精神、工作氛围和人际关系中为教师们创设良好的心理环境。

充分尊重教师意愿，形成"教师自愿申请，表达愿望；学校统筹安排，合理解释"的运行程序，尽可能满足教师的个人意愿，服从学校的统一安排，以和谐的管理关系减少内耗现象。

建立校级、年级、学科组、备课组等不同层级的公开课和观摩课制度，既鼓励教师们拥有开设公开课、观摩课的机会以展其长，又鼓励教师跨年级、跨学科听课观摩，在共同分享中强化对"各美其美，美人之美，美美与共"工作境界的追求。

举办教学基本功大赛，如教学设计、信息技术运用、自制教学工具等，提升教师的教学能力和创新能力，以利于形成教师的教学风格和个性特长。

建立教师科研课题的申报、资助和评奖制度，积极组织教师参加基础教育系统"百千万人才工程"省级培养，大力支持教师积极参与在职读研，为骨干教师的在职培训提供时间和资金的保障。

建立校内培训制度、外出学习制度和出国培训制度，强化学校"造血机制"建设，以满足教师持续胜任和学校持续发展的需要。

建立多种奖励制度以鼓励教师充分发展，推动教师在工作中获得成就感、幸福感，增强持续发展的动力。

建立严格的教师考聘制度和鼓励拔尖的职务晋升制度，建立教师队伍的优化机制。

加强与高等院校的合作，利用大学的人力资源、智力资源带动学校师资水平的提升。

除了建立推动教师职业发展中的各项制度外，学校还努力创造条件提高福利待遇，针对老、中、青等不同年龄层次教师的需要，从专业发展、生活待遇、职业精神等三大方面提供不同的帮助，满足他们不同的需求，促进他们不同的发展，发挥他们不同的作用。

一所学校教师队伍的发展水平，直接决定着学生的发展水平和学校的发展水平。因此，要实现我校"培养可持续发展的学生，造就可持续胜任的教师，创办可持续攀高的学校，提供可持续提升的教育"这个办学目标，其中"造就可持续胜任的教师"将是决定成功与否的关键因素，也是我们要加强教师队伍建设的逻辑起点。

第三节　构建社会化大教育体系

——我的治校方略（二）

在构思治校方略的过程中，我联想到以往的进修学习。

以往的进修学习，让我在阅读古代的文献资料时，对诸如辟雍、泮宫这些早在西周时代便出现的学校形制产生了兴趣。尤其是它们的地理特征，更引起了我的关注。

周天子的辟雍四面环水，诸侯们的泮宫则三面环水。为什么这些"行礼乐，宣德化"的地方，要用水来与外界隔离呢？乃至晚清时期由两广总督张之洞在广州兴建的广雅书院（现今的广雅中学），仍然保留着"四周环绕以水"的古老建筑传统。可惜由于城市建设，广雅中学原来的这些地理特征已经消失了。

自唐代便为世人广为推崇、后于1998年4月国家邮政局发行古代书院纪念邮票时选定的四大书院，它们分别是位于河南商丘睢阳的应天书院、位于湖南长沙的岳麓书院、位于江西九江的白鹿洞书院和位于河南郑州登封的嵩阳书院。这四大书院，它们的地形特征

出现了与辟雍、泮宫等不同的地理环境变化。除了应天书院因位于
睢阳南湖畔而与辟雍、泮宫等继续保持着以水为伴的地理特点之
外，其他三大书院皆处于当时的深山之中：岳麓书院处于岳麓山
中，白鹿洞书院处于庐山之中，嵩阳书院处于嵩山之中。

也许，古代学校追求与山水为邻，展现的是一种"智者乐水，
仁者乐山"的智慧？我没有为此而深究，更多的是思考它们与世相
隔的环境特征。也许，古人希望我们的学子们借助于山水隔离而不
为世间烦嚣所累，可以在相对封闭的环境中专心攻读圣贤之书吧？

可是，学校真的能够远离尘世而独立吗？地理环境，真能隔离
学子们与外部世界之间的联系吗？明朝的东林书院，则挂出了这样
一副对联："风声雨声读书声，声声入耳；家事国事天下事，事事
关心。"很明显，这副对联，是与古老书院追求"两耳不闻窗外事，
一心只读圣贤书"的意涵相对立的。

"两耳不闻窗外事，一心只读圣贤书"的追求，是一种以内化
"圣贤书"为目标导向而求诸己的内向型追求；"声声入耳，事事关
心"的追求，则是一种领会了"圣贤书"的真谛之后以家国情怀为
目标导向而行于世的外向型追求。

我以为，无论是"两耳不闻窗外事，一心只读圣贤书"还是
"声声入耳，事事关心"，对其各执一端，皆有偏颇。求诸己的内
向型追求，与行于世的外向型追求，二者之间应该构成一种互为补
充、循环不已的学习实践过程，由内而外，从"知"走向"行"。

学习"圣贤书"的内容，把学子导向一种强调品德修养的内心修为境界；而领会"圣贤书"的真谛，则将学子导向一种强调家国情怀的社会实践活动。由此，"读"，才有目标导向；"入耳、关心"，便有原则厘定。

从古及今，即使在现代的学校教育中，我们也必须遵循这种不但强调内心修为也强调社会实践、引导学生从"知"走向"行"、把品德修为与家国情怀统一在学生个体的发育成长过程之中的办学规律。

尤其是在当今社会，学校的物理围墙已经难以隔离学校与外部世界那种千丝万缕的联系。而还有一堵无形的心理围墙，正需要我们自觉地去冲破。念及于此，我觉得，就治校方略而言，除了要构建一个学校内部的管理体系之外，还必须建立一个社会化的大教育体系。这个大教育体系，全面打通学校与社会之间的联系，既为学生发展构建起一道从校内走向校外的道路和桥梁，也为开拓利用丰富的教育资源建立一条从社会引进校内的途径和渠道，让学生、学校与社会实现互动发展。

一、建立社会实践活动体系

我们这一代人，对学校开展社会实践活动这种教育现象并不陌生。因为，在曾经的岁月里，学工、学农、学军这类社会实践活动，我们大量参加过，不但作为学生在学校里参加过，也作为教师带领学生参加过。基于这种亲身经历，我对这些历史现象有如下理解。

作为一种教育形式，让学生在这些社会实践活动中增加对社会基层生活的体验，增加对社会现象的认识和理解，从中磨炼学生的意志毅力，提高学生的生存能力，增强学生的社会责任感，本是无可非议的。之所以让人非议，是因为特定的历史时期赋予了这些社会实践活动以特定的功能，把一种教育形式变成了一种政治斗争手段，用政治价值取向取代了其中的教育价值取向，把一种隐性课程变成了学校教育中的主体课程，把教育中应有的人文关怀变成了对人的身心伤害。经过这么一个扭曲、异化过程，这些社会实践活动留给人们的便只有心理阴影而丢失了其中的教育价值。

而要让这些社会实践活动作为学校教育中的必修课程还原其应有的教育价值，是需要勇气的。冲破这些历史现象给人们留下的心理阴影，需要勇气；顶住那种"片面的应试教育"泛滥出来的沉重压力，更需要勇气；而让这些社会实践活动进入学校教育课程，让学生在参加这些社会实践活动中接受全面的素质教育，就不仅仅是需要勇气，更需要有一种专业坚持的精神。

我佩服附中前任校长们的勇气，佩服他们坚持把这些社会实践活动纳入学校课程的专业精神，感谢他们在积累学校办学经验中做出的贡献。作为后来者，我需要把华南师大附中这些优良的办学传统发扬光大，不但要坚持开展这类社会实践活动，更要建立起学校的社会实践活动体系，使之成为我校社会化办学中的一个有机构成部分。

我们的社会实践教育活动体系主要包括以下构成部分：社会调查、社会服务和夏令营、军训、农村社会实践活动。

（一）农村社会实践活动的"基地化"建设

我的知青生涯，让我对组织学生开展农村社会实践活动有着特殊的感受。我以为，对于一个学生来说，如果他对中国的农村、农民和农业缺乏相应的了解和认识，就缺乏了对我国基本国情的了解和认识。

"三农"问题，是制约我国全面实现小康社会发展的其中一个瓶颈问题。"三农"问题，离我们的学生似乎很遥远。事实上，在现实生活情境中，学生对"三农"问题也几乎是毫无体验的。然而，当他们日后走出校门、进入社会，尤其是当他们成为行业的领军人物，甚至是政府部门的决策者之后，如何解决我国的"三农"问题，如何突破我国全面实现小康社会发展中这一瓶颈问题，就是他们不可避免而必须面对的。

今日的学校教育，必须为学生的未来做好准备。我们要努力创造条件，让学生现在就对农村的基层生活有所体验，对农民的生存状态有所了解，对农业的发展问题有所认识。千万不能忘记，我国是人口大国，吃饭是头等大事。

从1990年开始，华附就建立了高中学生农村社会实践活动，每年组织高二学生到农村开展1~2周的同吃、同住、同劳动（简称"三同"）活动。图为2002年到农村检查学生"三同"活动时，示范使用简易工具收割水稻。

2010年秋，到清远农村检查学生社会实践活动时，向学生讲述怎样提高收割效率并减少损耗。

我们在学校已有做法和经验的基础上，通过基地化建设、制度化建设和具有人性化关怀的方式，让农村社会实践活动成为我校优良的办学传统。

1. 基地化建设

近四十年来，我国农村的管理体制、生产方式和农民的生活状态都发生了许多深刻变化，但华南师大附中却一直让学生在农忙时节停课到农村与农民同吃、同住、同劳动的活动持续进行着，其中一个重要的原因，就是我们因应着上述种种变化，选择到合适的农村地区作为我们的"学农"基地，与当地社区、教育管理部门建立起稳定、良好的合作关系，使我们的学生教育与当地的教育发展相得益彰，互动双赢。一个稳定的基地，对学农活动的持续发展来说是必不可少的。

2. 制度化建设

让学校的学农活动持续发展，不至于因为人事变动而受到影响，就必须通过制度化建设让其成为学校办学传统中的一个有机构成部分，让其所具有的传统文化感染力对人的主观能动性产生同化作用，从而影响人的选择性。当学农活动固化在学校的课程结构和教学计划之中，在一年年的学农活动持续进行时，在一届届的学生向其学弟、学妹们津津乐道学农的收获时，在一届届的新生和他们的家长们充满惊讶和好奇地咨询学农问题时，发扬光大学校这一优良办学传统，也就是顺其自然的事情了。

3. 人性化关怀

对于学生来说，参加农忙时节的艰苦劳动，毕竟是一件充满挑战性的事情；对于家长来说，让其子女与农民同吃同住同劳动，必然会衍生出许多的不安和担心；对于教师来说，既要面对下乡后管理学生的复杂局面，又要面对离开家庭时出现的许多困难。对于这三个群体所面对的不同问题，学校必须以充满人文关怀的态度认真对待，合理解决。对教师，要充分理解其个人困难，尊重其个人意愿，尽可能合理地安排其工作；对家长，要用以往的成熟经验、精细的措施安排来消除其顾虑；对学生，要通过深入的动员、生动的事例和明确的要求，振发其精神，激扬其斗志，让他们充满信心和期待进入活动之中。

（二）军训活动的常态化建设

20世纪70年代末期，在华南师大附中恢复重点学校之后，学校的军训活动就一直没有间断过。

在上级部门把军训作为一项国防教育的重要任务提出来之前，附中就已经把它作为常抓不懈的一项传统教育工程。

尽管近年来遇到了部队改革等一系列问题和困难，但由于我们已经和部队建立起稳定的军地共建关系，附中依然能保证用最好的教官给学生开展严格的军事训练。

尽管我们的新生开始也普遍存在体质体能的问题，但经过艰苦的军事训练之后，家长们在军训结束的汇演上看到的，是已经变得黝黑而健康、变得更加坚忍和坚强的孩子。

尽管在军训开始时学生们对教官满腹怨言甚至产生逆反情绪，但在军训结束、大家离别时，学生们充满真诚的脸上淌下了热泪，和教官之间已经建立起浓浓的感情。

在军训活动中，学生们不但锻炼了身体，磨炼了意志，增强了纪律性，培养了责任感，还通过跟教官的接触，从教官的身上认识了什么叫军人，什么叫责任，什么叫纪律，什么叫家国情怀。

一年一度的新生军训，已经成为学校教育的一种常态。军训对学生产生的教育影响，是其他教育活动所不能取代的。

（三）社会实践活动的课程化建设

20世纪70年代末期起，华南师大附中仍然坚持组织学生到工厂开展社会实践活动。

因应我国在改革开放中进行的一系列企业管理体制改革、产业结构改革，附中组织学生到工厂开展社会实践活动的教育方式调整为组织学生到高校、科研单位开展社会调查活动以及到机关和企事业单位进行职场体验。

与此同时，我们的社会实践活动体系增加了社会服务、夏令营、冬令营以及与海外姊妹学校互访交流、海外游学等新的结构成分。

我们与新加坡、马来西亚、德国、英国、美国等国家和中国香港等地区都缔结了姊妹学校，常年坚持的师生互访，对师生的文化观念、知识视野都产生潜移默化影响。海外游学是我校专门设计的学习体验课程，集语言学习、课题研究、寄宿家庭体验、旅游等功能于一身的研学旅行。

这就形成了既有城市又有农村，既有发达地区又有落后地区，既有国内又有国外，既有走马观花又有深度体验的相对完整的课堂情境与学习方式。

经过一段时间的实践探索，我们认识到，不应将这些社会实践仅仅看作随意组织的一种活动方式，而是要进行课程化建设，根据这些活动各自的不同特点，把原来依附于各种活动中零碎的、松散的教育内容整合为一个有完整结构、有序列安排、有计划要求的课程系统，将这些原来游离于学校课程教育边缘的教育内容纳入到课程建设的规范轨道中，与常规课程互补，共同构成一个从学校延伸到社会的课程体系，让学生把课堂学习与社会实践结合起来，加深学生对社会的认识和了解。

通过对社会实践活动体系的建设，我们突破了学校的物理围墙和心理围墙，为学生筑就了一条走进社会、了解民情、认识民生的学习途径。

二、开发利用校友资源

学校与社会的互动关系，并不仅仅局限于我们怎样走出去，从而可以利用社会的大课堂以弥补学校围墙内教育的不足，还表现在我们如何引进来——通过开发利用校友资源以提升学校教育的质量和效益。把"走出去"与"引进来"结合起来，是我们构建社会化大教育体系的基本思路。

校友资源，是学校独有的财富。要使校友资源变为一种现实效益，必须通过学校的引进、开发、利用等一系列主观行为去完成一个转化过程，才能将这些资源、财富激活。

（一）附中日——校友回家欢聚的盛会

华南师大附中的校史，从建校以来最早的格致书院算起，已有一百三十多年，历史悠久，源远流长。鉴于华南师大附中是由岭南大学附中、中山大学附中、广东文理学院附中和华南联合大学附中四所学校合并而成的，这四所学校都各有历史，因此，在最初设计附中校庆事宜时，大家尊重合并前各所学校的办学历史，没有选择校庆的形式，而是选择了设定"附中日"这一活动形式。

校庆活动，是以学校为主体的庆祝活动；附中日活动，是以校友为主体的聚会活动。两个活动的主体差异及内容差异，或许也从一个侧面反映出华南师大附中坚持以人为本、以生为本的价值取向。

附中日，是每年华附学子回家欢聚的盛会。在附中日，历届校友纷纷约定齐齐回家。校友们从世界各地飞回来，从大江南北赶回来。一个个、一群群、一届届的校友纷至沓来，涌进校门。重逢昔日同窗，看望旧日师长，言笑晏晏，其乐融融。校友欢聚的盛会，可证学校发展的盛况。

附中日，是校友感情发酵的"反应堆"。酒，越久越醇；感情，越聚越深。毕业于20世纪50年代、60年代、70年代……各个年代的校友们又再聚首，各个年代各自精彩。白发皓首的，轻声慢语，几许唏嘘中多了一些彼此的关切叮咛；离校一二十年的，依旧意气风发，欢声笑语中重现昔日赛场上的少年狂。许多同窗旧事又勾起了温馨记忆，一些当年相约保守的秘密终于得以揭晓。青涩岁月给彼此留下的纯真感情，再次燃起了青春的炽热。依依不舍地分别时，大家留下了念想，留下了来年再聚的期待。

这些念想，这些期待，维系着彼此之间的感情。而母校，则像一位慈祥的母亲守候着，让学子们一年一度回家欢聚。学子们对母校的感情，也就在这一年一度的欢聚中得以沉淀、发酵，生成了一种母校情结。

附中日，是校友事业交流的场所。华南师大附中是一所人才辈出的学校。校友之中，有许多学有建树的出色专家、教授、研究人员，有许多事业有成的企业家、行业领军人物，也有不少从政的各级部门领导。当大家回到母校相聚时，"校友"这种共同身份便消弭了彼此之间的许多社会角色差异。遇到同行，共同切磋；面对市场，一起探讨。今天聚会开了个头，明天相约继续深入。这种校友情谊，从"附中日"延伸出去，超越了时空局限。无论何时何地，即使是不同届别、不同年级，只要是华附校友，便彼此提携，互相帮助。

附中日，是传承学校精神的"加油站"。除了各届校友分别聚会之外，学校还专门组织了"新老附中人互动"的活动，由毕业校友与在校生进行交流，分享彼此在学校成长的感悟。几十年来，学校向社会输送了大量高素质、高规格的人才，他们中有政治家、科学家、艺术家等各类人才。他们昨日的学习成果，今日的事业成就，都是在校学子最好的榜样，是具体的活生生的参照系。学校精神、校园文化传统，更借着"新老附中人互动"而薪火相传。

更令人感动的是，有些校友来参加附中日聚会时，还带上了自己的甚至是亲戚、朋友的孩子，让下一代在现场真实体验华附风采，希望自己的华附情结能够迭代相传。校友中，确也流传着许多一门三代华附人的佳话。

附中日，是一个开发校友资源的契机。昔日学子归来，总会情不自禁地向自己的师长汇报自己的成长，教师们也总会了解一下学生们的发展现状，同学之间总会相互交流各自的近况。在这些汇报、了解和交流之中，可以发现校友中蕴藏着丰富的教育资源。相互约定，请他们再回母校，向学生们谈谈自己的生涯规划，谈谈自己的职场体验，谈谈自己的事业发展，谈谈自己的人生感悟，或者报告一下现代科技发展，分析一下未来时代走向，剖析一下国际政治格局……当然，附中日除了聚会，还有不少比赛，不同届别、不同班级相约开展足球赛、篮球赛、羽毛球赛，不亦乐乎。

附中日汇聚的校友信息，为母校提供了丰富的教育资源。这些资源，不但是宝贵的，而且是母校独有的。

（二）追寻附中人的足迹——让校友之光照耀后学

从20世纪90年代开始，我校开启了一项新的活动——追寻附中人的足迹，让在校学生独自或者组成小组，在校友的花名册中选定一个校友，约定时间进行采访，写成文章进行报道。

学生寻找采访对象的过程，就是参与开发校友资源的过程；拟定采访提纲的过程，就是全面了解校友事迹的过程；采访的过程，就是现场体验校友风采的过程；写稿的过程，就是深入领会校友精神的过程；报道的过程，就是广泛传播校友风范的过程。追寻华附人的足迹，为展现华附校友风采、传承华附精神创造了一种以学生为主体实现自我教育的活动方式。

2007年起，我们开始做职业分享。学校每年邀请一些来自金融界、企业界、学术界、政府等各行各业的校友，与在校生分享其人生经历和职业体验。

2012年3月，学校学生发展指导中心主办了首届华附沙龙活动，邀请校友在学校的舒心阁与在校生分享他们的生活阅历与专业趣味知识，深受学生欢迎。后来定期在每周五放学后进行。活动邀请的校友各具特色，不拘一格，他们与在校学生进行面对面的交流，学生们将校友视为"未来的自己"，彼此无拘无束地进行深入交流。

我们努力创造各种形式，让校友之光能够照耀后学，让后学能够传承校友的风范，让前浪与后浪相激相涌，合力成为推动华南师大附中持续发展的巨大能量。

我认为，校友资源不应该仅为学校单方面所利用，还应该为校友自身所用。事实上，校友们也在相互利用自身的校友资源，只不过这些利用只限于校友自己的个体行为。作为母校，我们应该主动为校友们搭建沟通交流的平台，让校友资源在母校的作用下能够更好地为校友创造效益。

从2009年开始，我校成立了一系列的校友俱乐部，举办足球、网球、羽毛球、乒乓球、高尔夫球等系列比赛，将校友们聚集起来，互通有无。有的校友就在这样的交流活动中发现并利用了其中的社会资源而促进了自己事业大发展。学校对校友们的关注和关心，进一步增强了校友们的母校情结。近年来，校友们对母校的捐赠变得更加活跃。

（三）华附基金会——集涓埃之力助母校发展

20世纪90年代以来，我有机会出国考察了许多知名学校。我发现，这些学校能够办好的一个重要原因，就是它们有巨额基金的战略支持。像哈佛、耶鲁等私立学校，都拥有强大的校友基金会。

我想，我们是否也可以借鉴校友基金会这种方式，为学校筹集更多的社会资源，从而为学校的发展提供更好的经济支持呢？

众所周知，我国的教育发展水平还不是很高，教育投入还远远不足。华南师大附中每年获得的财政拨款与实际支出之间的资金缺口高达40%，需要通过自筹资金发放教师员工绩效工资中的大部分津贴。有足够的资金，才能做更多的事情，包括邀请名人举办讲座、探索性课题立项、学校硬件环境的改善等。做高品质的教育需要有充足的资金投入，办学经费不足给学校的发展带来诸多限制。

我认为，通过设立校友基金会来筹集办学经费，与公立学校的性质并不矛盾，没有法律规定公办学校不能够接受社会捐赠，我们可以吸纳更多的社会力量，充分利用各种社会资源，弥补学校办学经费的短缺。

经过一段时间的筹备，由1989届校友发起，经广东省民政厅和广东省教育厅的批准，附中于2009年12月24日正式成立了广东省中学设立的第一家基金会——广东省华南师范大学附中教育基金会。原始基金数额为200万元，腾讯联合创始人之一的曾李青先生个人就捐赠了100万元。

2010年3月华附基金会正式运行后，获得了社会各界人士的大力支持，第一年获得的捐赠金额就达到1200万元。截至2014年12月31日，五年间华附基金会收到货币资金及实物捐赠超过1700笔，筹集的总资金达到3424万元。

设立华附基金的宗旨是发动和凝聚校友及社会各界的力量，争取国内外团体和个人的支持与捐赠，奖掖英才，资助贫困学子，推动学校的教育事业可持续发展。

华附基金会按照企业的运作模式，设立了理事会和监事会，负责基金筹备、资金的增值保值和项目开支与监督，力争将每一分钱都用到实处，用到好的项目上。自基金会成立以来，共实施发展项目超过130个，支出总额超过人民币1500万元，获奖受助超过4300人次。

发展项目按照使用方向分为三个板块：学生发展项目、教师发展项目和学校发展项目。

学生发展项目包括奖励和资助两个方向。学校负责制定奖励和资助管理制度及方案，并具体实施。奖励主要用于学生的各种课外活动、学术活动、学科竞赛辅导、科技创新活动、参加国内外的大型比赛和国际交流等，以及购买材料、设备和各项奖励。资助主要用于扶贫助学、发放补助金，奖励、资助德才兼备、品学兼优但家境贫困的在读学生。具体奖项是：新世界奖学金、许家印高考优胜奖、纪念王屏山奖助学金、优秀奥校学生奖学金、优秀高中新生奖学金、潘彬泽先生奖学金、三星奖学金等。其中，新世界奖学金是专门用于奖励在各年级各项评比中获奖的学生干部，扶持团委会、学生会、各年级开展的学生干部培训活动以及学生社团的发展，激励全体学生干部努力学习，奋发进取。

教师发展项目包括奖励和资助两个方向，分为在职教师发展项目和退休教师发展项目。前者用于资助教师进修、教师培训、课题研究、素质拓展，以及各项荣誉奖励，例如最受欢迎老师奖励、优秀班主任奖励、中考和高考的奖励、教师开设选修课、指导学生竞赛、课外活动等。比如，华晟教师基金主要用于奖励优秀的教学和管理人；许家印高考优胜奖教师奖励基金除了用于激励华附学子积极拼搏高考，也用于激励高三年级和全体教职员工共同做好高考指导和服务工作；易方达教师发展基金主要用于华附教师的培训和科研奖励；新世界奖教基金主要用于资助课程开发、教师队伍的培训和外出考察。

退休教师发展项目主要分为两大块：（1）组织有利于老教师身心健康的活动，成立"华附退协合唱团"，为合唱团的演出购买钢琴、提供演出服装、排练等费用支出。丰富退休教师的文化生活，加强退休教师与在职教师之间的交流。定期组织退休教师集体过生日，每年组织两次旅游等。（2）重大疾病补贴。在1987届校友的发起下设立了"关爱教师健康基金"，用于有组织、有计划地关爱和帮扶离退休教师，对因罹患重大疾病造成经济困难的家庭，学校力所能及地给予一些补贴，使需要帮助的教师能长期而稳定地获得照顾和援助，让退休教师都能感受到来自学校的温暖和关注。

2010年3月，在华师附中教育基金会成立庆典上。

学校项目主要包括购置学校教学和管理需要的设备和资产、用于开发和提升管理信息系统项目（网络中心建设、网上办公平台、学校门户网站建设等）以及改善校园环境等，包括为学生宿舍配置钢琴，购置户外显示屏等。

基金会成立后，对于改善学校的办学条件、激励教职员工的士气与提升教职工队伍的整体素质，帮助困难学生、鼓励学生全面而有个性地发展，都起到了重要的作用。更重要的是，基金会开辟了一条通道，让我们的校友有一个回馈母校的机会、渠道和平台。

成立基金会，不仅改善了办学条件、帮助了教师和学生的发展，更营造了一种良好的教育氛围、一种感恩文化。基金会每年举办年会，让学生谈谈他们获得资助后的个人体会。这些学生懂得，他们能够受到好的教育、开展各种兴趣活动、参加竞赛等是得益于社会各界人士和校友们对学校的帮助，要用感恩的心来回馈朋友的关注、学校的帮助、校友的帮助、教师的帮助、父母的帮助。

在基金会成立的几年内，上述目的是达到了。2011年12月，我们创立了基金会会刊《为了明天》，将基金会募集的资金、捐赠人名单、用途和收支明细等进行公布，让所有热心捐赠者知道钱的去处。另外，附中也会举办一些年报、展览和交流，现场募捐和拍卖等活动。

我们希望看到的是华附基金会成为各届校友心系母校的纽带，成为热心人事襄助教育的平台，成为华附师生发展的助推器，成为社会关注青少年健康成长的缩影，成为民间公益性组织的典范。

三、建立华附教育集团

目前，公办学校以名校为核心，通过吸纳一批学校组建教育集团，已经形成一种趋势。这种教育集团现象出现的初衷，是利用名校效应并将名校的优质教育资源注入集团内其他学校之中，试图通过增加优质学位满足广大人民群众对优质教育的需求，以落实教育公平、均衡发展的要求。

（一）对教育集团现象的思考

组建教育集团的现象，早就出现在一批名校的"名校办民校"办学实践中。"名校办民校"的集团化发展现象与当今公办学校组建教育集团现象，仅就资源配置而言，我认为二者之间同中有异。

所谓"同"，是二者都依托于名校的优质教育资源；所谓"异"，是所配置的资源性质不同。公办学校教育集团中的名校资源与体制内的公共资源相配置，而"名校办民校"中的名校资源则是与体制外的民间资源相配置。前者的资源配置，是在公共资源这个"蛋糕"内进行；后者，则是在这个"蛋糕"之外吸纳了民间资源。

有意见认为，"名校办民校"中的名校资源被民间资本用于牟利而造成了国有资产流失。我对此是非论辩不作评判，只是看到一个事实：名校资源（主要是无形资产）与民间资本结合，扩大了优质教育资源的供给，这些名校所办的民校，从某种程度上满足了部分群众对优质教育资源的需求；这些民校所培养出来的学生，尤其是其中相当部分的优秀学生，成为社会的优质人力资源。无论是这些民校还是这些民校培养出来的学生，都为我们的社会所共享。

从华南师大附中的办学实践来看，从2001年与民间资本合力创办华附番禺学校以来，又先后创办了华南师大附中新世界学校、华南师大附中南海实验高中、华南师大附中汕尾学校等四所学校，为社会提供了一万多个优质的初、高中学位。

这一系列品牌学校，如果从学校建设的资金总量来看，超过了10亿元；如果从维持学校运作的办学经费所涉及的资金量来看，近二十年来的资金总量高达数十亿元。建校资金，来自投资方的民间资本；办学经费，来自家长个体的教育投资。华南师大附中"名校办民校"的集团化发展，在公共教育资源这个"蛋糕"之外，吸纳了来自投资方与家长所共同投入的大量民间资源。

与这些民间资源相配置以后，华南师大附中以品牌输出的方式，新创办四所附属名校。仅就学校的发展而言，不可否认，这种资源配置产生了巨大的效益。

以此看来，现有公办名校的集团化办学，是否也受到"名校办民校"现象的启发呢？就不得而知了。

（二）"英豪"试水

1992年至2002年间，广东省的民办基础教育进入了快速发展时期，民办学校的数量迅速增长。以英豪学校为代表的一批民办贵族学校，包括碧桂园学校、华美学校等相继兴起。一时间，广东省的民办中小学多达数十所。

1993年，我担任副校长期间，华南师大附中开始参与广东的民办教育事业。派我参与英豪学校（原名"中华英豪学校"）的创建工作，并担任该校的首任校长。

对于学校的投资方来说，他们与华南师大附中合作的指导思想非常明确，就是要借助华南师大附中的名校效应以促进英豪学校的发展。对于华南师大附中来说，我们也有自己的需求：一是源自我们自己的教育情怀，希望创新学校的办学模式；二是利用这个合作机会筹集经费，弥补一下学校办学经费不足造成的资金缺口。

当时社会上流传着一种说法，认为华南师大附中的办学经验和人才培育的经验有其独特之处，是不可复制和推广的。我们想借此探索一下：华南师大附中的办学经验能否复制推广？我们能否扶持一所民办学校健康发展、做强做大？

当时，国家正在酝酿出台《民办教育促进法》，讨论如何促进我国民办教育事业的发展。在广东，还没有公办中小学参与民办教育事业的先例，我们在英豪学校与投资方的合作并无任何经验可循。

2011年春，在华南师大附中教育基金会成立一周年庆典上，作者和华附校友代表合唱歌曲，为基金会筹款近100万元。

　　在国外教育考察的经验告诉我，许多私立学校比公立学校办得更好，私立学校有更为灵活的管理体制、更为多样的办学风格、更为鲜明的办学个性。如果把华南师大附中成功的办学经验与民办学校的相对优势整合起来，是不是能够培育出一个优质的"杂交品种"？

　　事实证明，我们参与办学的六年时间里，是英豪学校最辉煌的时候，在读学生人数曾达到近三千人。后因我们的退出和"教育储备金"问题的影响，英豪学校陷入了发展困境。

　　1993年，英豪学校首创了收取教育储备金的办学模式：家长一次性交付二三十万资金给学校，学校以所收取资金的增值收入用于学校的办学经费，待到孩子从学校毕业之后，学校所收取的教育储备金全额返还给家长。当时，因为缺少监管，民间筹资很活跃，利息也比较高。虚高的利息现象对教育储备金这种办学模式产生了误导，潜藏着巨大的风险。

　　这些风险，一是体现在社会的金融管理方面。一旦如此虚高的利息因为规范管理而回归理性状态，势必影响教育储备金的增值数量；教育储备金的增值数量减少，会导致学校办学经费短缺；学校办学经费短缺，不但影响学校的办学质量，也影响家长对学校的信心；家长既担心孩子的发展质量，更担心教育储备金是否能够返还；一旦家长失去了信心，就会出现退学、要求返还教育储备金群体行为；一旦这种群体行为失控，就会影响社会。

风险的另一面，是办学者手中大量的教育储备金会衍生出许多不正常现象，甚至是犯罪行为。大量的教育储备金一旦被办学者挪用、贪污，家长的权益就会受到侵害，甚至造成家庭悲剧。

由于教育储备金潜藏的巨大风险，有关部门加强了监管，要求所有学校必须退还教育储备金以保护学生家长的利益，消除风险。就因为教育储备金问题，导致了一大批民办学校陷入了困境，甚至倒闭。

参与创办英豪学校的经历告诉我，公办名校参与民办教育，是大有可为的，但必须能够规避风险。在那个时候，我更多的是想到规避资金风险，而根本没有想到还存在另一种更难以规避的风险，那就是政策风险。

（三）"番附"启航

华附番禺学校是华南师大附中创办的第一所附属学校，是与房地产企业合生创展（集团）合作创办的民办学校。

2000 年，合生创展的开发商找到学校，希望在大型楼盘里合作创办一所民办学校。在与英豪学校的合作办学结束后，我们已经积累了一些创办民办学校的经验，大家认为可以输出华附的品牌、经验和资源去帮扶更多的民办学校建设。

在这样的认知背景下，合作双方达成了共识：华附番禺学校实行董事会领导下的校长负责制，充分保证校长的办学自主权，为学校创设良好的政策环境和管理环境。

学校于2001年正式创办，提出了"三年打基础、六年上档次"的发展计划。实施"文化育人"的发展战略，以"规矩、诚信、责任、理想"为德育总纲，全面引进华南师大附中的办学经验、办学思想和办学理念，延续了华南师大附中让学生自己管理自己，让学生学会学习、学会做事、学会生活，学会和他人相处合作；切实抓好校风、教风和学风建设，全面推进素质教育，培养学生的国际竞争意识、创新意识和创新能力，为学生提供广阔的舞台，倡导"为个人的终生发展而读书，为民族的伟大复兴而读书"，使学习成为校园生活的第一需要，让学生学会利用教科书、图书馆、社会大课堂进行学习，鼓励学生走出校门、国门，让每个人都有机会展示才华。

学校历经十余年的精雕细琢，以校园文化浓郁、育人特色鲜明、教育质量上乘而广为社会认可和信赖，成为华南师大附中衍生的第一所民校。

华附番禺学校的办学之所以成功，就在于我们成功地规避了民办学校通常会陷入的管理误区。无论是英豪学校，还是碧桂园学校初期发展阶段，抑或是其他那些倒闭了或处于困境的民办学校，无一例外都是如此：投资方急于回收投入的资本或过多干预学校管理。

办学与投资，学校管理与企业管理，分别属于两个不同的专业范畴，各有各的价值期望、管理对象、行为方式和运行规律。以企业管理、投资行为来管理学校，注定是失败的。因此，一所民办学校是否能够健康发展，直接取决于学校管理方和学校投资方之间的关系状态。只有充分尊重学校管理方、校长的办学自主权，学校才能健康发展。不过，除了像顺德国华学校这种纯粹公益性民办学校外，有投资回报需求的民办学校，还需要把握好市场需求、处理好供求关系，才能持续健康发展。

（四）集团化发展

2002年12月，中华人民共和国第九届全国人民代表大会常务委员会第三十一次会议通过了《中华人民共和国民办教育促进法》（以下简称"民促法"），并以"中华人民共和国主席令"的形式颁布，自2003年9月1日起开始施行。

《广东省中长期教育改革发展纲要（2010—2020年）》也明确提出，鼓励公办学校利用各种方式扶持民办教育的发展。

自"民促法"颁布施行后，广东省的民办教育进入了第二个更为稳定发展的十年（2002—2012年）。在"民促法"的支持保护下，广州市执信中学、广东省实验中学、广州育才中学、广东广雅中学、广州市第二中学等名校相继进入了"名校办民校"的行列。

在此期间，继华附番禺学校之后，我们继续与不同的投资方合作，先后创办了华南师大附中南海实验高中、华南师大附中新世界学校。2010年，为支持革命老区汕尾市基础教育建设，我们又创办了华南师大附中汕尾学校。

在创办系列民办学校的过程中，我们形成了华南师大附中的集团化发展战略。在回顾华南师大附中如何在政府大力扶持下一路发展的历史之后，我们意识到，如果说，政府以往对重点学校的扶持是一种前期投资的话，那么，今时今日，我们这个已经成熟了的优质教育品牌，就要通过集团化发展，创办或扶持更多的优质学校，为社会提供更多的优质学位，把政府的前期投资转化为更大的效益以回馈社会。

我们成立了华附教育集团，在不花政府一分钱的情况下，将华南师大附中的优质教育资源注入四所学校中。这四所学校，也分别继承并延续了华南师大附中的办学理念和办学经验，并形成了各自的办学特色。

华南师大附中南海实验高中是由南海桂城投资发展公司于2002年投资创办的一所民办公助的全日制高级中学，有48个教学班，在校生达2200多人。学校坚持华南师大附中"以完整的现代教育培养高素质的现代人"的办学宗旨，开办以来，取得了许多令人瞩目的成绩。2008年4月，学校通过了广东省国家级示范高中验收，并被评为"广东省普通高中教学水平优秀学校"，其鲜明的办学特色和优秀的办学成绩使之成为一所让社会满意、让家长放心的优质品牌学校。

华南师大附中新世界学校是由广州新世界地产策划有限公司在2002年投资创办的一所民办全日制寄宿中学，有初中学生约2000人。该校秉持华南师大附中尊师爱校、文明守纪、好学进取、立志成才的校风，"勤、严、实、巧"的教风，认真、刻苦、求是、创新的学风，确保了学校办学的高起点、高效率和高素质，成为广州地区民办学校中冉冉升起的一颗新星。到目前为止，学校已经建立了具有自身特色的德育模式和办学模式，形成了社会认可的校风、教风和学风，得到了学生的喜爱、家长的信赖、社会和教育部门的认可。

　　华南师大附中汕尾学校于2009年由汕尾市弘扬教育有限公司创办，设置有小学部、中学部和国际教育部，共有75个教学班，在校学生人数约4000人。为支持革命老区，提高汕尾市基础教育发展水平，华南师大附中派出骨干教师组成专业的管理团队实施全面质量管理。2010年8月正式开学，2013年晋升为汕尾市一级学校；2013届的毕业生首次参加高考便创造了汕尾市学校高考上线率的新纪录，连续两年获得汕尾市高考优胜奖，被《南方日报》誉为"汕尾教育新地标"。

　　华南师大附中的集团化发展战略，在办学实践中取得了良好的效果和效益，为社会创建了四所学校，提供了近一万个优质学位，以一种极大的溢出效应回报了多年来政府对学校品牌的投入。

（五）国际化发展

在制定学校集团化发展战略的同时，我们以"三个面向"的思想为指导，也制定了学校的国际化发展策略。我们的理想是：通过与国际上其他国家和地区处于先进发展水平的学校缔结姊妹学校关系，建立校际联盟；通过组织队伍参加各类重大的国际竞赛、组织师生广泛参与国际交流，开展国际间的合作研究；通过建立国际部，与国际教育机构（集团）联合办学，实现学校的二次创业，主动承担起推动中国基础教育走向世界的时代责任。

随着经济的发展和家庭条件的改善，出国留学成为越来越大的社会需求，为此家长不仅要承受高额的经济负担，而且造成大量的民间资本流向国外。同时，国内孩子出国留学的低龄化现象越演越烈，产生了许多问题，存在很大风险：一方面，这些孩子的中华文化根基并不牢靠，还没有形成"我是一个中国人"的情怀和意识；另一方面，长期以来家长和学校对孩子的生活照顾过于周全，让许多孩子实际上缺乏独立生活、独立学习和独立选择的能力。

我们在反思，学校为什么不能将国际课程引进来呢？我认为，通过引进国外名校的教学理念、管理方式和课程内容，让学生在国内修读国外大学的预科课程，既可以减轻家长的经济负担，又为学生的健康成长提供更好的保护，有何不可呢？

2004年，经广东省教育厅批准，华南师大附中引进英国北方大学联合会IFY课程，成立了华附国际部，这是全国较早倡导"高中学生理性留学"的国际部。高二、高三的学生在我校国际部经过一年国际预科课程学习，考试合格后可以无条件直升25所英国和澳大利亚名牌学校。

国际部创办以来，一直把学生发展作为第一要务，致力于学生能力的培养，不断提升学生的综合素质。目前，国际部的中外合作办学主要有两个项目：与英国北方大学联合会合作开设的国际基础IFY课程（一年制）和以留学美国为主的AP课程（三年制），分别针对两个不同的需求群体。

2009年，经美国大学理事会（College Board）授权批准，我校开办了华南地区首个AP国际课程实验班。经过五年的实践探索，取得了卓著的成绩。AP班的学生凭借优异的综合实力，被耶鲁大学、斯坦福大学、哥伦比亚大学、芝加哥大学、杜克大学、沃顿商学院等诸多全球顶尖大学录取。AP班连续三届毕业生，90%的同学被美国排名前50的综合性大学录取，50%的同学被美国排名前30的综合性大学、文理学院、艺术设计学院录取，20%的同学被美国排名前20的综合性大学录取，申请到的奖学金总额超过100万美金。

国际部经过十多年的发展，现在已经成为广东最出色的、国内高中生出国留学最多的国际部。历届有数百名毕业生100%获英国和澳大利亚名校免雅思考试无条件录取，30%的毕业生获得了英澳名校的奖学金。

　　在构建学校社会化大教育体系的过程中，我们且行且思，不断完善自己的构想，不断探索新的实践，从而形成了学校的集团化发展战略和国际化发展战略。

　　在实施学校发展战略的过程中，我们也遇到了来自各方面的问题和挑战。当中，既有来自我们自身主观局限性的问题和挑战，也有来自市场竞争的问题和挑战，以及来自政策变化带来的问题和挑战。

　　无论遇到怎样的问题，面临怎样的挑战，我始终怀着继承和发扬华南师大附中优良办学传统的坚定信念，继承着"华附人"敢为人先、追求卓越的精神，牢记使命，砥砺前行。

2010年秋季，美国田纳西州纳斯维尔市教育局长到访华南师大附中。图为作者书写"有朋自远方来，不亦乐乎"赠送美国客人。

肆

本章记录了我卸任华南师大附中校长职务之后的活动轨迹。

我利用各种场合，继续表达着我对校长领导力与校长角色、"互联网＋"时代的教育、集团化学区化办学、基础教育均衡发展、中学校长实名推荐制、教育家办学等问题的思考。

我和一群志同道合者发起成立了广东省中小学校长联合会，为校长们构建一个精神家园、发展平台、融通桥梁和传播渠道，为广东教育铸就一个品牌标识。

我出任新创办的广州中学校长一职，在一个完全不同于华南师大附中的办学平台上进行二次创业，我的教育人生也因陆丰水东中学、华南师大附中、广州中学等工作履历而更为圆满。

初心不改，荣休未休

2013年7月，我主动卸任华南师大附中校长职务。

自从1978年进入华南师大附中工作，在这所学校里一干就是35年。

自从1984年担任副校长职务，至今已有29个年头。

自从1996年担任华南师大附中校长，在这个岗位上一干就是17年。

在一所学校连续工作35年，不足为奇；而在一所学校的领导岗位上连续工作29年，连续在一所学校担任校长职务17年，可能比较少见。

怎么一晃就是35年了，真如白驹过隙！从一个教坛新兵，不知不觉就变成了一名杏坛老将。令人欣慰的是，在这35年中，我始终谨遵恩师王屏山先生的教诲，向着"教育家"的高峰攀登。

能在一所学校的校长岗位上一干就是17年，完全打破了现行教育行政管理的制度和规矩。令人欣慰的是，这17年来，我始终在传承华南师大附中优良办学传统中砥砺前行，开拓进取，给社会有了一个尽忠职守的交代。

有人说，吴颖民咋就这么牛！我笑对各种有关"牛"的调侃，但始终不忘"俯首甘为孺子牛"的初心，始终保持着一股"咬定青山不放松"的牛劲，始终保留着一副"拉着耙犁用心耕"的模样。

在我卸任华南师大附中校长职务那一年的8月，传媒朋友纷至沓来，访问一个接着一个。还记得，2013年8月12日的《南方日报》上，有位记者写下了这么一段"记者手记"：

转身送走了上一批记者，换上热茶，还没等笔者发问，吴校长便先向笔者宣告："很多人误解了，以为我退休了，我没退休呢！只不过校长的位置给其他同志而已。"

随后，他拿出了自己的名片，上面印着：华南师范大学基础教育培训与研究院院长，《中小学德育》总编、社长，广东省中小学校长培训基地主任，广东省中小学校长联合会会长……他告诉笔者，这些都是他今后的重要工作。

确实，这位早已过了退休年龄的老园丁"退"而未"休"。两个小时的谈话，被频频响起的电话打断：有教育部门领导打来的，有业内同行打来的，有学校老师打来的……有时为了不打断思路，他只好把部分电话掐断，但信息提示音仍旧响个不停。

同样停不下来的，还有他对当前各类教育问题的解读：哪怕是已经采访过吴校长多次的老问题，他的回答仍加入了新的思考，新的看法……

那些在浩瀚宇宙上运行的卫星，在能量没有耗尽之前，始终忠实地工作在既定的轨道。我，就像那些闪烁在熠熠天宇中的卫星一样，虽然已经卸任华南师大附中校长的职务，但能量仍在，所以还要在"教育"的轨道上运行。

1999年，党中央、国务院召开第三次全国教育工作会议，作出大学扩招、全国推行素质教育的重大决定。图为作为参加全国教育工作会议的广东省代表团成员，作者（右一）与代表团团长卢瑞华省长等领导同志合影。

2012年秋季，中国教育学会第七次会员代表大会在北京举行。作者当选为中国教育学会第七届理事会副会长。

　　无论是我的思考，我在广东省中小学校长联合会中的工作，还是后来又重新进入校长岗位担任广州中学的首任校长，这些，都只不过是一名杏坛老将初心不改，荣休未休，继续着"拉着耙犁用心耕"的岁月。

第一节　勤思不辍

长期的校长生涯，已经形成了我的思维定式和心理定式，无论是在国内还是在国外，也无论是在岗位上还是不在岗位上，不管在怎样的情境中，处在怎样的状态里，首先联想到的便是教育，学校教育、校长、教师、学生和家长等这些同一专业范畴中的相关问题。

离开了华南师大附中校长的工作岗位，让我比在岗时有了更多的时间和空间继续着自己的思考，正可谓勤思不辍。

一、对校长角色的再思考

在担任华南师大附中副校长职务12年、校长职务17年共计29年的工作历程中，其中还有一段时间兼任华南师范大学副校长的职务，我思考最多的还是"校长角色"这个问题。只不过，在不同的工作阶段，思考的侧重点有所不同而已。

在思考我的办学理念时，我提出了一个校长应有的三个体现，其中一个就是要"体现一个校长的责任担当"（另外两个是"体现中学教育的基础性要求"及"体现学校教育的现代化要求"）。

在实施我的治校方略时，我着重从确立办学宗旨、细化目标要求、创建工作模式、构建课程体系、建设教师队伍、建立社会实践活动体系、开发利用校友资源、建立华附教育集团等操作层面上思考如何发挥校长的管理职能。

如今，在我离开了校长的工作岗位时，一个问题便迎面而来：当了17年校长了，你在学校里，在师生中，在家长群，在社会上，到底留下怎样的角色形象？

在学校里，一个校长能够留下了长盛不衰的高考升学率，留下令人羡慕的国内国际竞赛成绩，这就够了吗？

在师生中，一个校长能够让学生实现可持续发展、让教师实现可持续胜任，这就够了吗？

在家长群，一个校长能够令家长为自己的孩子在学校里获得了令人满意的发展，为孩子考进了理想的大学而感恩学校、感恩校长，这就足够了吗？

在社会上，一个校长能够令社会为其所提供的优质学位、为其所贡献的优异办学质量而感到满意和放心，这就足够了吗？

其实，一个校长倘能如此，实在已属难能可贵了。可在我看来，似乎还是缺了点什么。到底缺了什么呢？我想到了一些教育界的著名人物——

先师孔子，他的一部《论语》，他的那些经典语句，为后世留下了宝贵的精神财富；

宋朝的大学者朱熹在白鹿洞书院做"校长"（其时称之为"山长"）时留下了《白鹿洞书院教规》——这部教育思想史上的经典作品至今还影响着当代教育；

明朝东林书院的山长们留下了"风声雨声读书声，声声入耳；家事国事天下事，事事关心"的经典对联；

陶行知抱着教育救国之志创办了育才学校，留下"千教万教，教人求真；千学万学，学做真人"的经典话语；

苏联教育家苏霍姆林斯基以他所在的帕夫雷什中学为研究素材，留下《给教师的一百条建议》《把整个心灵献给孩子》等著名著作。

……

唯有某种精神形态成为人类共有的精神文明，才能超越时间与空间的局限而长留于天地之间；唯有一个校长的角色形象与理论建树融合在一起，才能超越世俗与功利的局限而长留于人们的心灵之间；唯有一个校长能够成为学校、师生、家长和社会的精神领袖，他才不会因为去留存否而被人们遗忘。

在现实生活中，我也看到了一些校长，他们的身上多了一些官气、商气，而少了文化人应有的书卷气、书生气，少了专业工作者应有的专业精神和专业坚持。也许，他们也能创造出令人艳羡的升学率、竞赛成绩，也能令家长和社会满意，但却可能因为其身上的官气、商气甚至是酒气、腐气而让人诟病，逐渐被人遗忘。

有鉴于此，我将自己的思考写成了《校长应该成为师生的精神领袖》一文：

在许多影视作品中，我们常常可以听到或是看到一些话，叫作"山人自有妙计"。所谓山人，讲的是那些怀才不遇或是不愿意与统治者为伍、与庸人同流合污的文士。这些山人中有一些品学兼优的人，令世人仰慕，就有人投奔在他们门下。他们收徒讲学，被后人称为"山长"。后来到了清末，科举制度被废除之后，书院就改为学校，山长就改称为校长。

现在看来，虽然山长和校长都是学校的最高管理者，但是他们有着明显差异。古代的山长首先是饱学之士，他们执掌教席，先是教书、讲学，后来才有了部分管理职能；而现在的学校，校长被赋予更多的职责，他们更忙于管理上的事务，从而影响了他们的讲学、学术研究。

就学生教育、学校发展而言，校长作为一校之长，专业权威和个人影响力要远远大于行政权威才行。在学术上，如果校长有更清晰的学术权威角色，他们就会在学术上不懈努力，强化求真、求善、求美的价值追求，并能以自身学术修养赢得学生的尊重、信仰和信任，涵养学生心灵，促进他们健康发展。如果过于强调行政长官角色，就会助长学校管理对行政权威的依赖，也可能助长行政管理的粗暴性，会破坏"随风潜入夜，润物细无声"的温润性、愉悦性效果。

由于历史和现实原因，校长的职能和角色出现了一些异化。在有些校长身上，多了一些官气、商气，少了文化人应有的书卷气、书生气，少了作为学术专家应有的专业精神和专业坚持。所以，我们需要引领更多的校长通过反思求真、向善，担当起传道、授业、解惑的重任，在精神层面引领师生发展，成为学校的精神领袖。

在学校，校长处于权力的中心，可凭借自己的影响力调动各种因素。但校长的作用要通过多方面、多维度来表现，比如我们谈及校长的职责是规划学校发展、营造育人文化、领导课程教学、引领教师成长、优化内部管理、营造内外部环境等。在这些众多的学校事务中，最核心的应该是营造育人文化，因为学校育人的本质就是文化育人。

如果要描述校长的职责，我认为最重要的是两点：建设育人文化，实施文化育人。在学校的各项工作中，学生管理要有学生文化，教师管理要有教师文化，班级管理要有班级文化，学科管理要有学科文化，教学要有课堂文化，课程要有课程文化，但是这些都需要从精神文化的价值取向中引发出来。校长要成为学校的精神领袖，就是要发挥"主心骨""灵魂人物"的作用，以精神鼓舞人，成为核心价值的引领者。校长应以自己的精神力量去影响师生，影响学校精神文化建设。

校长如何成为学校的精神领袖？我想重在三个层面：一是凝练，二是传播，三是践行。

首先，校长要善于凝练自己。不少校长从优秀教师岗位被选拔出来，但从优秀的教师到校长的岗位要面临许多挑战，要从一个学科专家变成学校办学育人的设计师、领路人、精神导师，这就需要校长不断地学习、提炼，包括从教学、管理各方面凝练自己的教学思想，形成自己的思想主张和教学体系。

其次，校长要善于传播。要经常讲，反复讲，并在传播的过程中不断完善、提升自己的教育主张，形成自己的思想体系。

最后，更重要的是勇于践行。作为精神导师，校长尤其要言行一致，把说的跟做的统一起来，做师生的言语典范和行为楷模。唯有如此，校长才能立稳脚跟，言近旨远，渐为世范。

因此，校长要清醒自己在学校中的角色，不断凝练、传播、践行自己的教学思想。每个校长都不可能在一所学校永远做下去，可能调任，也有可能退休。当他们一旦离去，能给学校留下什么？

比如，孔子为后世留下了《论语》的经典语句、宝贵的精神财富；宋朝的大学者朱熹长期在白鹿洞书院做山长时，留下了《白鹿洞书院教规》，这是世界教育思想史上非常经典的一部作品，至今还影响着当代教育；明朝的东林书院和山长们留下了"风声雨声读书声，声声入耳；家事国事天下事，事事关心"的经典对联；陶行知抱着教育救国之志办了育才学校，留下"千教万教，教人求真；千学万学，学做真人"的经典话语；苏联教育家苏霍姆林斯基以他所在的帕夫雷什中学为研究素材，留下《给教师的一百条建议》《把整个心灵献给孩子》等著作。

校长要以他们为借鉴，更加重视作为精神领袖的角色，作为学术权威的角色，不断凝练教育思想、形成教育主张，为校园文化建设、师生共同成长、学校长远发展留下宝贵的精神财富。

我想，并不苛求每一个校长都能留下鸿篇钜制，但是，我们起码可以凝练自己的教育思想，形成自己的教育体系，给来者继承，让精神延续。如此，我们就无愧于"校长"的称谓，无愧于成为学校这一角清净天地中的精神标杆。

这篇文章，我在一些研讨会上宣读过，在一些报章上发表过。与此同时，我在进一步思考：作为一所名校的校长，学校的美誉度与知名度在社会所具有的广泛、深刻影响，决定了他在业界中的"江湖"地位；但名校也要求校长具有精神领袖的秉性和发挥精神领袖的影响。

然而，作为一个个体，一个校长在现实中所能产生的影响毕竟是有限的，那么，如果通过一定的平台，把一个个名校校长整合成为一个名校校长群体，他们所发出的声音，他们所产生的影响，将会产生"1+1＞2"的系统效应。有了这个群体，无论是对自身及其行业的规范，还是对广大校长所产生的引领性影响，都有着非常的意义。这也就是我当年努力推动成立广东省中小学校长联合会的初衷。

关于校长角色的思考，我从认识到要体现校长的责任担当，到要发挥校长的管理职能，再到要追求成为师生的精神领袖，构成了一个具有阶段性的认知过程。其实，这并不是一种纯粹的理性思考，而是一个边思考边实践的行动研究过程。

在体现校长的责任担当、发挥校长的管理职能方面，我所交出的答卷，起码在自我感觉方面还是令人满意的，但在追求成为师生的精神领袖方面，我所交出的答卷，却仍然有待师生和家长、社会来判定。

能够成为师生的精神领袖，谈何容易！但是，起码，我努力了，我追求了。至于是否能够做到，又能够做到多少，那就不是可以自我认定的，只能交给师生、家长和社会来评判，甚至还有待历史来认定。

二、对"互联网+"时代的再思考

自从人类社会进入了计算机时代之后，用"飞速发展"这个词来形容这一时代特征一点也不为过。计算机、计算机＋互联网、计算机＋移动互联网，以及移动互联网的2G时代、4G时代、5G甚至是6G时代，这些科技成果、生产工具、工作环境和生活环境的革新过程，以快得令人目不暇接的速度颠覆着人们的认识，改变着人类的生产劳动、生活状态，自然，也对教育领域产生着更加深刻的影响。

乔布斯曾说过："为什么计算机改变了几乎所有的领域，却唯独对学校教育的影响小得令人吃惊？"

国家督学、中国教育学会副会长、华东师范大学终身教授袁振国曾经指出："到目前为止，教育依然是在（互联网）大环境下反应最落后的领域之一，但是伴随着相关技术的突破，一定会带来一个新的景象。"

早在我的治校方略中，为迎接这样的时代挑战，我们就利用计算机、计算机＋互联网这些设施设备前所未有的工具优越性，提出要构建学校以因材施教为核心的个别化、个性化教学模式，提出要追求一种高新技术深度介入与师生创造性充分呈现的课堂教学模式，来改变教师的教学方式和学生的学习方式，改善学校的教育教学过程，提高学校的教育教学效益。

可是，随着移动互联网全面进入校园，"学生网上先学，教师课堂后教"的翻转课堂现象已经在许多学校中成为常态。在一次采访中，我说过："新的信息技术对传统学校教学颠覆性有多大，怎样评估都不为过！"

专家们指出：伴随着相关技术的突破，如手机、平板电脑的使用，无线网的发展，云技术、大数据的出现，穿戴技术的普遍运用，等等，可以对人的学习行为进行重新建构、精细评估，学校教育正处在革命性变革的前夜。

这些变革，体现在对时间与空间的突破，体现在对教学内容的突破，体现在教学方式的突破，体现在对现行学校教育管理体系的突破。原来缺乏技术的支持，现在技术有了；原来受着管理体系的制约，现在可以打破了。

这些突破，将会在价值观念、人际关系、思维模式、行为方式等方面引发教育文化发生深刻的变化。

我们需要重新思考：教育的使命是什么？教育能够做什么？

我们需要重新定义：学校是什么？课堂是什么？学习活动是什么？

这些新思考，这些新定义，将会对学校教育带来新的阐释，将会对现行学校教育提出严峻的挑战。

2016年4月，我在广州市南武中学参加了一项很有意义的活动——观看南武中学的STEM学习项目汇演。

这次活动，引起了我对STEM的关注。所谓STEM，即科学（Science）、技术（Technology）、工程（Engineering）和数学（Mathematics）英语首字母的缩写；作为一个学习项目，它综合了科学、技术、工程与数学等学科的相关知识和内容，具有跨学科、跨领域的特点。

据资料显示，STEM最初是美国针对大学本科教育提出来的。1986年，美国国家科学委员会发表了《本科的科学、数学和工程教育》报告，希望通过STEM课程加强对学生进行四种基本素养的教育：

一是科学素养，即运用科学知识（如物理、化学、生物科学和地球空间科学）理解自然界并参与影响自然界的过程；

二是技术素养，也就是使用、管理、理解和评价技术的能力；

三是工程素养，即对技术工程设计与开发过程的理解；

四是数学素养，也就是学生发现、表达、解释和解决多种情境下的数学问题的能力。

2006年1月31日，美国总统布什在其国情咨文中公布一项重要计划——"美国竞争力计划"，提出知识经济时代教育目标之一是培养具有STEM素养的人才，并将其视为全球竞争力的关键。由此，美国在STEM教育方面不断加大投入。

2009年1月11日，美国国家科学委员会发布致美国当选总统奥巴马的一封公开信，其主题是为了国家的经济繁荣和安全，保持美国在科学和技术的世界领先和指导地位，必须改善所有美国学生的科学、技术、工程和数学教育；大学前的STEM教育是建立领导地位的基础，应当是国家最重要的任务之一。美国国家科学委员会督促新政府抓住这个特殊的历史时刻，并动员全国力量支持所有的美国学生发展高水平的STEM知识和技能。

2011年，奥巴马总统推出了旨在确保经济增长与繁荣的新版的《美国创新战略》，指引公共和私营部门联合，开展一场旨在加强科学、技术、工程和数学（STEM）教育的创新教育运动。

2011年3月，由美国技术教育协会主办的第七十三届国际技术教育大会在美国明尼苏达州明尼阿波利斯市举行，会议主题为"准备STEM劳动力：为了下一代"。

近年来，美国政府加大了对从小学到大学各个层次的STEM教育的支持力度，推出教育基金，鼓励各州改进STEM教育，加大对基础教育阶段理工科教师的培养和培训。政府还要求科学家多去学校演讲和参与课外活动，以激发年轻人对科学知识的兴趣。

原来，STEM不仅仅是美国早在20世纪80年代就推行的一项起于大学本科教育而后推广到中小学的课程改革，而且是美国为了国家的经济繁荣和安全、保持美国在科学和技术的世界领先和指导地位而将其纳入国家发展战略的一项重点工程。

广州市南武中学是广东省内较早从美国完整引进STEM项目的学校，是创客教育在广州基础教育中的一个缩影。在汇演展示中，学生在课堂上并非只听某科教师讲课，而是在进入模拟城市建设等游戏中，综合运用STEM的相关知识处理生态环境、垃圾处理、土木工程等方面的问题，是一种在动脑、动手中培养科学素养和创新能力的新颖学习过程。这样的课堂教学，是对传统课堂教学的完全颠覆。

参加活动后，在接受媒体采访中我向所有教师发出呼吁：打破学科壁垒，消除学科鸿沟，加强学科之间的交叉融合，培养学生能够综合运用各种学科知识的能力。

我向所有校长发出呼吁：在崭新的时代，校长们要有勇气突破世俗压力的局限，抛弃功利思想，践行创新教育。

我向教育行政管理部门发出呼吁：打造平台，扶持学校，为培养学生的科学、技术、工程、数学的综合素养创造良好的教育生态环境。

我向社会教育机构发出呼吁：利用你们拥有的各种优势，为推进我国学校的STEM教育贡献一份力量。

2016年5月，我们利用广东省中小学校长联合会的平台，与中国国际教育论坛、羊城晚报社、华南师范大学基础教育培训与研究院等单位一起，在2016中国（广州）国际教育博览会期间举办了2016未来学校国际论坛，以"中小学创新教育"为主题，围绕"创新课程、互联网教育、创客教育、国际融合"等主题开展学术交流活动。我在该论坛上作了"点燃活力"的主题演讲。

2016年6月，中国教育部出台了《教育信息化"十三五"规划》，规划明确指出有效利用信息技术推进"众创空间"建设，探索STEM教育、创客教育等新教育模式，使学生具有较强的信息意识与创新意识，养成数字化学习习惯，具备重视信息安全、遵守信息社会伦理道德与法律法规的素养。

在华南师大附中担任校长期间，我也自认为已经比较敏锐地感觉到计算机、计算机＋互联网、计算机＋移动互联网等科技成果对学校教育产生的深刻影响，也在力所能及的范围内对"互联网＋"做出了应对。但现在看来，其时所做的一切，已明显存在着许多滞后的遗憾。

如果现在我还当校长，该当如何应对？

三、对中学校长实名推荐制的反思

在卸任了校长之后，摆脱了些许杂务干扰，使我更能够静下心来再思考一些中国基础教育问题。

"中国基础教育的困境"，其话题之大，困扰之深，成因之杂，确实不是那么容易说清楚、说明白。但无论是不是教育领域的行内人，谁都希望能够参与其中的讨论，并且谁都以为能够揭示一二。因为，每一个成年人，都有接受过基础教育的体验，也就有了自己的话语资本；而且，每一个家长，都希望自己的孩子能够接受最好的教育，都有着希望教育能够摆脱困境的强烈动机。问题是，每个人都有自己的利益诉求，都有自己的价值取向，都有自己的观点与角度，也就难免众说纷纭，莫衷一是。

当我在对中国基础教育困境进行再反思时，自己也难以避免"观点与角度"的主观局限，只希望能够结合自己所经历过的一些事情，把以往的经验和体会进行一番归拢，梳理出一些眉目，权当对自己以往的办学实践有更多一点的负责与交代吧。

曾经听到许多朋友调侃，说是你们这些重点学校的校长们，拥有那么优厚的办学资源，那么灿烂的办学业绩，还说"困境"，真是"饱汉不知饿汉饥"呀，与"何不食肉糜"的慨叹又有何异。

其实，处于不同发展处境中的学校，都有各自不同之"困"。比如说，当年北京大学试图以中学校长实名推荐制为突破口进行的高考招生制度改革，就让我这个华南师大附中校长更加深刻感受到基础教育改革、高考招生制度改革所面临的困境。

2010年，北京大学在进行招生制度改革时，把当年自主招生推荐人数1%的比例分配给全国部分著名中学，以中学校长实名推荐的方式进行自主招生。由校长个人名义推荐的优秀毕业生，可免试直接成为北大自主招生候选人。得到推荐的学生是否可以享受录取优惠，需要通过北大专家的考核。为确保公平公正，北大不仅公示参与推荐的校长和被推荐学生的信息，还建立了黑名单，曝光推荐过程出现不诚信现象的校长。

自2010年开始，北京大学每年都有3个名额分配给华南师大附中，并由我进行实名推荐。

2013年，北京大学对在校学生的追踪调研数据显示，中学校长实名推荐制学生的学业成绩积点比其他学生平均高出0.18（积点最高值为4），在社会服务和获奖方面高出近20个百分点，在本科生科研方面高出8个百分点。

2015年，北京大学正式取消中学校长实名推荐制。

这种中学校长实名推荐制，让我联想到民国时期北大、清华以及后来的西南联大等著名高校"不拘一格揽人才"的历史。想当年，我国一批学术大家，如果只是循着"高考"的常规轨道参加选拔，恐怕连大学的门都进不了，更遑论他们日后辉煌的学术成就了。也就是因为那不拘一格的举荐，才保护了这些大学中的"怪才""异才"，并让他们成为这些大学中的醒目名片。

这种中学校长实名推荐制，更让我感受到北京大学的一种气概。在社会缺乏诚信体系支持的情况下，他们敢于相信这些名校，敢于相信这些校长。这个"敢"字，可算是在似乎诚信尽失的社会环境中透出的一抹亮光，也可算是试图重建社会诚信体系中的一种壮举。

但是，要重建一种相互信任的社会关系，又谈何容易！可再难，也是必须有人去做的。北京大学就去做了，而且是第一个敢于去做的。

然而，数年之后，这个中学校长实名推荐制就取消了。个中原因，说复杂也复杂，说简单也简单。用一句简单的套话来说，就是主观愿望与客观实际不符。重建社会诚信体系这个社会系统工程，想要在一种微观的局部环境中完成，犹如"挟泰山以超北海"一样，难以实现。

不用考试分数来认定学生的优秀性，该如何认定？在缺少一种相应的认定标准和认定机制的前提下，认定过程所产生的压力，便只能由推荐学校尤其是校长个体承担。

由于我国高校优质教育资源缺乏，推荐过程造成的利益再分配现象导致社会对其中的公平公正性予以极其严厉的关注。在社会缺少一种更加科学、合理、有效的监察机制的前提下，这种利益再分配所造成的压力，便只能由推荐学生的校长和接受推荐的学校校长来承担。

现实环境仍有贪腐和潜规则行为，社会对推荐过程的公权力滥用现象极为担心。由于缺少一种社会生态环境的强力支撑，这种社会担心所产生的沉重压力，也只能由推荐者与受荐者直接承担。

虽然在推荐和受荐的过程中有一种集体决策机制予以相应保障，但首长问责制的行政管理模式仍然免除不了校长们所承受着的压力。

初衷再好，中学校长实名推荐制也因为缺乏相应的社会条件保障而难以持续施行。究其原因，我认为，社会制度改革过程中释放出来的沉重压力，是社会个体成员难以单独承受的。一个社会系统工程试图通过一种局部的微观环境来实现，是不可能的。趋易避难的人性弱点，最终还是让中学校长们无奈地恢复到按学业成绩推荐这种压力最小、保险系数最大的常规轨道上。

本来很好的高考招生制度改革，就这样夭折了。如果不是身处其境，恐怕局外之人难以真实体验到那种希望之光转瞬即逝而带来的困惑与痛苦。

中国基础教育改革、高考招生制度改革的种种困境，于此便可见一斑。

四、对教育家办学的反思

在一种行政化的教育管理环境中，一些校长由于缺乏专业素质，缺乏专业坚持精神，导致学校教育违背教育规律，违背办学规律。于是，"教育家办学"的命题就产生了。《国家中长期教育改革和发展规划纲要（2010—2020年）》就明确提出"倡导教育家办学"。

在我看来，由教育家来办学校，这本来就是一个不证自明的命题——难道我们还得非要证明一下必须要由医生来给病人治病、要由司机来驾驶汽车等命题吗？也许有人说，在"网络诊治""无人驾驶"的时代，似乎就不是由医生来治病、由司机来驾驶汽车了。非也，这当中只不过是替换了一个"隐形医生""隐形司机"的角色而已。专业的事情由专业人士来做，专业范畴还必须由专家负责。

现在讨论"教育家办学"的命题，我觉得这实在是一种无奈之举，它让我不禁联想到我国在20世纪80年代初出现的"五讲四美"运动。当时，在遭受了十年的破坏之后，我国社会的基础文明建设似乎到了要在一种蛮荒环境中重建的地步。在"五讲四美"运动中，全国人民要重新学会"五讲"——讲文明、讲礼貌、讲卫生、讲秩序、讲道德，重新学会追求"四美"——心灵美、语言美、行为美、环境美，重新学习运用"对不起、没关系、谢谢、再见"等礼貌用语。在一个具有五千年文明历史的国家里，社会的基础文明建设竟然到了几乎是从零开始的状态！

有念及此，我忽然想起了曾经看到过的一篇文章标题——教育家办学是时代的强烈呼唤。就像当年强烈呼唤"五讲四美"一样，两者相互映衬，似乎都在述说着同一种历史无奈，同一种现实悲哀。

我认为，现在重要的，不是去论证什么"教育家办学"的命题，而是应该努力创造条件促成学校的校长们成长为教育家。

在由中国教育学会和深圳市宝安区人民政府共同主办的第二届中国未来教育家成长论坛，我作为嘉宾被邀请为论坛发表演讲：

回顾中国改革开放几十年，各行各业成长最快、最有成就、最有影响力的是哪些领域？有哪些"家"拥有世界影响？答案应属"企业家"。为什么当今中国的企业家在世界上都非常有影响力，原因是改革开放给企业家的成长创造了非常良好的发展空间。几十年来，中国不断地在进行体制改革，做得最彻底的就是经济体制改革，可以说是排在所有改革的前列。所以，参考企业家的成长，借鉴其他领域的经验来讨论关于教育家的成长问题，是大有裨益的。

有宽松的环境就有杰出的人才。实际上，中国不缺优秀人才的种子，而是缺少让这些优秀种子脱颖而出、茁壮成长的土壤。宝安论坛讨论的主题就是"教育家成长的自由生态"。

什么才是教育家成长的自由生态？在演讲中我跟与会者分享了我的理解：自由生态离不开几个要素：阳光、雨露、空气和土壤。

什么是阳光？我认为，是从中央到地方各级政府对教育家这个群体成长的关注以及所采取的一系列重大决策。大家看到，现在从中央到地方都非常关注这个问题，过去我们讲以人为本，主要是以学生为本，而如今以人为本中已悄然加进了对教师发展的关注。我们不仅要实现学生的健康快乐成长，也要促进教师有更好、更健康的专业成长，让教育工作者活得有尊严，事业上有长进，最终成名成家。这也是我们对"以人为本"这种育人理念更全面的注释和理解。

什么是雨露？大家都明白，在干旱的时候，在口渴的时候，雨露的重要性。水滋润万物，雨露就是适合教育家成长的制度安排和非常有利的财政支持，比如我们现在的培训制度、进修制度、继续教育制度，以及相应的财政、时间、空间上的支持。如果没有这样的制度，没有这样实实在在的支持，教育家成长的自由生态就是一句空话。

什么是空气？空气就是氛围，一种环境氛围，一种鼓励冒尖、鼓励创新、鼓励独立见解，包容开放，宽容失败的环境。可惜恰恰与之相反，每年的中高考放榜前后，恰恰是我们校长和教师最纠结的日子，也是"受审判"的日子。他们不知道今年这个成绩单政府会不会满意，家长会不会满意。像这种环境继续下去，会有更多的教育家成长起来吗？

什么是土壤？土壤一定是具体的，这里包括政府和学校的关系、学校与社会的关系。区域教育主管部门有正确的政绩观、教育观，学校有比较充分的办学自主权，校长重视教师的专业成长，社会对于什么是好教育、好学校、好校长、好教师、好学生有正确的评价体系……在我看来，这就是良好的教育家成长的土壤。

如果我们从阳光、雨露、空气和土壤这几个方面去思考、去改变，教育家成长的自由生态一定会有较大的改观。当然，教育的变化不可能是一蹴而就的，教育改革也是一个漫长、缓慢的过程，但如果不迈开双脚，就永远也到达不了终点。所以，希望从今天开始起步，让我们为这个共同的目标而努力，为助力中国未来教育家成长而创造出更好的生态环境。

有了教育家来学校当校长，中国基础教育就能走出困境了吗？显然，答案是否定的。要让中国基础教育走出困境，还有许多事情要做，还有许多局限要超越，还有许多难题要解决。但是，有了教育家当校长，起码可以为超越中国基础教育的困境改善了条件，增加了保障。

第二节　出任会长

改革开放的数十年间，广东的中小学校长们一直是勇敢地站立在教育改革大潮上的弄潮儿，他们创新了许多认识，创造了许多经验，为广东省的中小学教育改革做出了许多贡献。

然而，长期以来，校长们始终处在单打独斗的状态中，缺少一个共同组织把校长们整合为一个"集团军"，把"散兵作战"中的战斗力提升为一种协调合作的战略力量。

2011年召开的全国人大第四次会议，明确提出了国家在转变经济发展模式的同时，要转变政府的治理方式，转变政府的职能，要把更多社会管理的职责让社会组织来承担。

我意识到，良好的政策环境已经为我省中小学校长的"集团军"建设提供了有利的条件，成立广东省中小学校长自己的行业组织可谓是水到渠成。

2011年，由华南师范大学、华南师范大学附属中学、广东实验中学、广东广雅中学、广州市朝天路小学等五家单位牵头倡议成立广东中小学校长自己的行业组织。

2012年10月，广东省民政厅同意筹备成立广东省中小学校长联合会。

一、为校长们构建一个精神家园

2013年3月24日，广东省中小学校长联合会（以下简称"联合会"）成立大会在华南师范大学大学城校区音乐厅召开。

联合国教科文组织协会世界联合会副主席、国家总督学顾问陶西平，广东省教育厅副厅长李学明，广东省民政厅民间组织管理局副局长黎建波，华南师范大学校长刘鸣，教育部中学校长培训中心主任陈玉琨，以及来自美国的代表，来自港台地区和吉林、辽宁、上海、河南、湖北等省市的代表，来自广东省各地市、广州市各区县教育局的领导，450余名广东省中小学校长积极响应，参加了此次盛会。

会议选举产生了第一届理事会名誉会长、会长、副会长、秘书长、副秘书长以及常务理事若干名。刘鸣当选为名誉会长、我当选为首任会长。联合会秘书处设在华南师范大学基础教育培训与研究院，王红当选为副会长兼任秘书长、王清平任副秘书长。会议还审议通过了《广东省中小学校长联合会章程》和《会费征收与管理办法》。

广东省民政厅民间组织管理局副局长黎建波代表广东省民政厅宣布选举有效，并对成立大会的成功举办表示热烈祝贺，同时给予高度评价。

这是广东教育界的一个盛会！它了却了我自己以及我的校长同行们长久以来的一个夙愿。广东的校长们，终于有了自己的行业组织了。

作为广东省中小学校长联合会的首任会长，我在成立大会的致辞中提出：李克强同志在新任总理的记者招待会上特别谈到，要把政府放错地方的手收回来，要把更多的社会管理职责让社会组织来承担。广东省中小学校长联合会就是在这样的社会大背景中应运而生的，我们要成为政府的智囊团和有力助手，为推动广东教育事业的发展发挥我们更大的作用。

在谈到联合会与校长们之间的关系时，我提出，联合会应该成为我们校长的精神家园，成为未来教育家成长的摇篮。我动情地脱稿而谈，在学校里，校长只有一个，老实说，我们有许多话很难和副校长、主任和教师们毫无顾忌地敞开来交流。有了联合会这个平台，我想我们校长在一起就有了更多的共同语言，有了更多探索、探讨、交流、分享的机会。这能够为促进校长们自身的专业提升提供很好的帮助。

关于联合会的宗旨，我提出，作为非政府性行业协会组织，我们要团结和组织会员，凝聚行业力量，发挥行业智慧，加强行业自律，推动校长办学自主权的落实，支持学校办出特色、办出水平，为推动学校出名师、育英才助力。

联合会有着丰富的优质教育资源，智库成员有全国著名专家、学者、省内外名校长及教育家，还拥有华南师大附中、广东实验中学、广东广雅中学、深圳中学、中山纪念中学、珠海一中、东莞中学等一大批名校作为培训实践基地，并与教育名家工作室、名校长工作室密切联动，共享资源。

在广东省中小学校长联合会的网页上，我们明确提出联合会的发展愿景、核心价值和使命如下：

我们的发展愿景是：成为中国基础教育专业、高端、新锐的引领者和践行者；

我们的核心价值是：立足现代、接续传统、融汇中西的人文价值，汇聚精英团队、培养未来英才的人才价值，服务社群、促就文明的社会价值；

我们的五大使命是：整合多方资源，促进校长职业专业化；活跃学术研究，推动教育改革与创新；搭建共享平台，促进学校优质发展；促进行业自律，维护校长合法权益；汇聚校长智慧，做好政府"参谋"。

最后，在致辞中我表示：我一定会全力以赴，珍惜这个为我们

289

广东省中小学校长服务的机会，履行好会长的职责，与校长们共建我们的精神家园，共同推动我们中小学校长的专业成长，更好地为广东的基础教育的发展和广东经济的发展贡献自己的一份力量。

二、为校长们构筑一个发展平台

联合会成立之后，我们通过举办一系列活动，汇聚校长们的智慧，整合多方资源，为校长们搭建共享平台，促进学校优质发展，推动教育改革创新。

这些活动，可以归纳为"行业内"与"行业外"两大类型。

（一）组织行业内的交流共享

在联合会成立的翌日，2013年3月25日，广东省中小学校长联合会即举办了首届"南粤中小学校长高峰论坛"。

这个高峰论坛由广东省中小学校长联合会与广东教育督导学会校长领导力与学校优质发展专业委员会联合举办，由华南师范大学基础教育培训与研究院及华南师范大学附属中学承办，论坛的主题是"校长的使命与成长"。

论坛特邀联合国教科文组织协会世界联合会副主席、国家总督学顾问陶西平，教育部中学校长培训中心主任陈玉琨、上海格致中学校长张志敏、东北师范大学附属小学校长熊梅等全国知名的教育理论专家、校长，以及港台地区和美国等地的中小学校长到会；与广东中小学校长一起"羊城论剑"。

本次论坛富有国际性、新颖性以及参与面广、互动性好、现场感强的特点。论坛承办方精心设计了与论坛主题密切相关的案例和问题，采用先进的即时应答系统，使参会的美国代表及来自台、港、粤、沪、申、辽等国内各地专家的学者与中小学校长同台论教，畅所欲言，相互碰撞，充分展示了各地专家学者、中小学校长对"校长的使命与成长"这一主题的不同理解和阐释。

论坛承办方还分别在华南师范大学附属中学、广州市南武中学、广州东风东路小学设置了分论坛，让众多与会的专家学者、中小学校长有机会走进广东的学校，感受南粤校长的魅力。

自此，"南粤中小学校长高峰论坛"定期举办，通过举办这种持续性、系列性的教育交流活动，在广东与全国乃至世界基础教育界之间架起一座展示与交流的桥梁，使之成为对外展示广东校长风采和基础教育形象的窗口，成为广东校长吸收国际先进办学经验和管理经验的绿道。

2014年4月19日，我们在广州与羊城晚报社、精锐学习力研究院一起举办"岭南中学校长论坛"。来自广东省30所中学的校长齐聚一堂，围绕我国的高考改革，全方位、多角度地对中学教育的困惑、思考和应对展开了热烈的讨论。

论坛由"广州教育热点面对面"的嘉宾戴秀文主持，我做了主题发言。

　　我认为，高考改革下的中学教育既充满机遇也面临挑战。教育部要求各省独立探索改革路径，正好给在经济领域引领潮流的广东赋予了在教育改革方面也可以独立潮头的大好机会。我们应该珍惜机会，把握改革方向与创新育人模式。

　　华南师范大学附中校长朱子平、广东省实验中学副校长李子良、广州广雅中学副校长吴新华、广州市南武中学校长陈祥春、广州市真光中学副校长谢虎成等纷纷做了主题演讲，在升学制度、评价体系、课程组合、学业指导及教育管理等方面阐述了各自独到的见解，也有很多校长对新改革措施中的部分内容表示了担忧，例如将综合评价作为高考的录取条件之一，如何保证其公平性，令很多校长担心。

　　2015年1月15日，开年之际，为更好地理清"好学校"与"好学生"之评价标准，重归教育的本质与使命，广东省中小学校长联合会携手羊城晚报社，在广州番禺海怡半岛星河湾酒店共同举办了"2015岭南中小学校长论坛"。围绕着"好学校与好学生之评价标准——从小学毕业生的升学纠结看教育的本质与使命"这个主题，广州市公办、民办学校中的中小学校长代表、教育专家及家长共同探讨了"羊城小升初之变""好学校和好学生的评价标准"等问题。

　　2015年5月16日，联合会在广州白云国际会议中心成功举办了"2015广东中学校长论坛：高考新政下的中学转型——'选课制''走班制''导师制'名家谈"的活动。

随着《国务院关于深化考试招生制度改革的实施意见》的下发，沪、浙两地已作为试点城市率先实施教改方案，广东也正在制订相关方案。为了发挥广东教育发展引领者、先锋者的作用，广东省中小学校长联合会邀请了国家督学、上海市教育委员会督导办公室主任杨国顺，广东省教育考试院副院长黄友文，上海市第八中学校长、上海市特级校长卢起升，杭州市第二中学校长叶翠微，深圳中学校长王占宝，广东广雅中学校长叶丽琳、校长助理何智，广州市第四十七中学校长彭建平，广州越秀外国语学校校长李洪奇，珠海市第一中学副校长李志萍，广州卓越教育集团校长唐俊京，上海青少年发展指导中心专家倪波等五百余名广东各地中学校长、教育专家共同探讨高考中国教育未来新政下的广东中学转型发展前景动向。

2017年11月29日至12月3日，广东省中小学校长联合会组织了赴四川成都参加学术交流会暨名校行的活动。

在11月30日上午举行的四川省中学校长协会成立30周年纪念大会上，广东省中小学校长联合会与四川省中学校长协会签署了川粤两省战略合作协议，构建起校长专业发展共同体，通过将两地的优势互补，促进两省基础教育的均衡发展和质量提升。双方对组织中小学校长和教师合作交流、组织教育界专家学者互访、举办学术论坛、组织学生研学旅行、互访交流等一系列合作交流活动进行了深入研讨和设计。

2018年4月，广东省中小学校长联合会与华南师范大学《中小学德育》杂志社在杭州联合举办了穗杭两地"新时代·新德育"现场观摩研讨会。研讨会探讨了新时代背景下中小学德育工作的新思路与新举措，交流了穗杭两地中小学校师德师风建设的先进经验，深入探讨了师德建设如何与党建工作密切结合，如何促进教师的专业成长，如何促进学校办学水平的整体提升等问题，为新时代中小学德育与师德师风建设提供了思路与方略。

2018年，联合会组织会员参加了"2018明远教育论坛"、广东广雅中学130周年校庆、"新时代小学教育的创新与展望"为主题的中国小学校长大会、第五届中国教育创新论坛年会、广东省初中教育发展联盟第二届教育论坛等系列活动，为会员们搭建起交流平台，促进同行们共同进步，促进校长们专业化发展。

（二）参与行业外的跨界联通

在科学技术界，早在19世纪末20世纪初，边缘学科现象就已经层出不穷。进入互联网、全球化时代之后，跨界合作更成为一种发展新潮流。在促进广东教育更好地进入国际发展新潮流方面，广东省中小学校长联合会通过一系列的跨界联通，发挥出先锋的引领作用。

2016年9月24日，广东省中小学校长联合会秉承"整合多方资源，搭建共享平台，促进学校优质发展"的使命，在广州市南沙区举办了全国首家教育产业资本化研究中心成立暨首个中国版C——

STEAM课程发布会，揭开了社会资本助推教育创新研究与实践的序幕。

由广东省中小学校长联合会与北京大学深圳研究院、华南师范大学基础教育培训与研究院、华南师范大学教育经济与管理学科、美国中小学校长协会、美国常青藤学校联盟等单位共同发起成立的全国首个教育产业资本化研究中心，着力研究如何实现社会资本与教育的"握手"，如何实现中外学术力量与社会资本力量的跨界融合，如何唱响以社会资本推动教育创新发展的旋律。

2016年11月5日，广东省中小学校长联合会在深圳市政府金融部门的指导下，与北京大学深圳研究院、深圳市银行业协会、深圳证券业协会、深圳保险业协会、华南师范大学基础教育培训与研究院等单位在第十届中国（深圳）金融博览会上联合举办"2016中国教育金融高峰论坛"，实现了教育与金融的握手。

2019年，《民办教育促进法》修改通过，教育供给与改革进一步加快。金融界如何撬动万亿规模的民生金融产品市场？教育界如何应对资本进入新形式？来自教育界、金融界约200位嘉宾参加了讨论。

"中国教育金融高峰论坛"主要探讨了教育投资基金、教育IPO、学校资产证券化、教育信托、教育基金、教育保险、教育信贷、海外教育金融等各类蓝海型新型金融业务的现状与前景，嘉宾们还集中探讨了中国私立教育集团化、金融化、国际化的趋势，讨论了如何使覆盖中国2亿学生、2000万教师的庞大教育课程实现市场化、金融产品化。

同时，在该论坛上，金融创新中心与包括美国常青藤教育协会、华南师范大学基础教育培训与研究院、广东省中小学校长联合会等分别签署了国际教育标准认证中国资本化、全国中小学创新发展优质学校联盟等教育产业金融资本化合作协议，各方商议联合建立第三方优质教育评测与投资标准、包括民办名校在内的中国教育产业投资价值百强榜等。

2016年11月26日，广东省中小学校长联合会与霍英东鹤年堂中医城为30所"中医药文化进校园"特色学校暨C-STEAM项目首批示范基地授牌。同时，与会代表对中医药文化进校园项目的落地、C-STEAM课程的研发进行深度研讨。

2017年5月13日，由广东省中小学校长联合会组织的"本草校园·联动南粤——中医药文化进校园广东模式现场展示暨新闻发布"活动在东江广雅学校举行，现场向专家学者、嘉宾等展示了中医药文化进校园广东"6+1"课程模式。"本草校园·联动南粤——中医药文化进校园"活动是由广东省中小学校长联合会发起并设计的中医药文化进校园项目，开发了"6+1"的课程模式，探索了中医药文化在广东校园的独特发展之路。

活动期间，广东省中小学校长联合会与美国常春藤教育协会、美国中学校长协会、芬中教育协会签署了合作备忘录，通过课程认证展开深度合作，使中医药文化与华文课程走出国门，在"一带一路"国家、海外华人学校落地生根。项目组也将邀请海外华人寻根探祖，回到国内探究传统文化与中医药名山大川，使海外华人华侨更好地了解中国文化，形成双向的文化交流与传播，让世界更多的人民感受中医药文化的价值和意义。

2017年12月8日，广东省中小学校长联合会与《羊城晚报》教育发展研究院在羊城创意产业园签订战略合作协议。来自全省各地50多家公办及民办学校校长一起见证了《羊城晚报》教育发展研究院成立仪式暨合作协议签订仪式，一起启动了"寻访美丽学校"的活动。

《羊城晚报》是岭南地区乃至全国有影响力的大报，多年来，一直在为中小学素质教育搭建平台，先后打造了"手抄报大赛""校园达人""堂上作文""学生记者俱乐部"等面向中小学生的公益活动品牌，并以其名编辑、名记者撬动各领域的专家、学者资源，成立了《羊城晚报》名师团，与学校共同合作研发了人文教育、媒介素养、生命素养等系列课程，名师送课进校园受到了师生们的热烈欢迎。

学校教育主动走进跨界联通，是实现大教育的必然途径。广东省中小学校长联合会所进行的一系列大胆探索，表现出一种积极进取的精神，表现出自己的使命担当，为广东的中小学校长树立了一个行业标杆，发挥出业界的先锋引领作用。

三、为校长们架设一座融通桥梁

邓小平同志在1983年提出的"教育要面向现代化，面向世界，面向未来"的思想，已经在华南师大附中的办学实践中深入骨髓，融入了血液。随着全球化现象愈渐成为一种国际发展潮流，华南师大附中也建立起越来越广泛、越来越深入的国际合作关系，既推动了学校的改革创新，又进一步强化了学校在国际上的影响力。

如何让校长们在融入国际教育中获得良好的互动发展，我们达成了共识，联合会要为校长们架设一座通往与融入国际教育发展的桥梁。

2014年4月8日下午，由广东省中小学校长联合会主办的"广东省中小学校长联合会学校发展国际化协作组筹备研讨会"在华南师范大学田家炳教育书院顺利举行。

2014年4月17日上午，由广东省中小学校长联合会、华南师范大学基础教育培训与研究院主办，广州市第五中学协办的"中学国际教育发展研讨会"在广州市第五中学召开。除我之外，华南师范大学基础教育培训与研究院常务副院长王红教授，海珠区教育发展中心主任、协作组副组长骆志伟先生，广州实验学校树童书院校理事李小静女士，海珠区第五中学校长何树声先生以及广州各区域学校校长代表二十余人参加了本次研讨会。

研讨会开始，华南师范大学基础教育培训与研究院常务副院长王红教授就"学校国际化发展模式的新探索——协作联盟及国际融合课程研发"为主题进行了讲话。王院长对在这样一个充满了浓郁的中国传统文化氛围的会场研讨中学教育的国际化，表示与当日的主题不谋而合。她表示"中学为体，西学为用"，走向国际化，是坚决不能丢失的中国灵魂。作为代表着广东省中小学校长联合会教育国际化协助项目组推动者、华南师范大学基础教育培训与研究院和一个关注学校国际化发展的学者，王院长身上肩负着三重身份。她强调中小学国际化的目的是能够培养胜任与担当国际竞争、合作的人。而其中最关键的就是探索能够以中国课程体系为基础，融合西方先进教育教学理念的课程体系。但是她也解释道，当前实施国际教育的学校单体操作中遇到了许多问题，如：课程开发不容易，探索代表国际化的课程体系，需要投入大量的资源，在这样的背景下，广东省中小学校长联合会成立这样的一个协作组作为联盟，成立一个实验基地的想法与广州实验学校树童书院不谋而合，以实验学校树童书院国际部作为基地，以校长联合会作为一个平台，组成这样一个联盟，共同探索教育国际化的解决路径。她对华南师范大学、北京师范大学外文学院及树童国际语言教育研究院联合开展的GVC国际课程研究课题项目充满信心，相信这样的一个课程将来也能得到国际认可。树童书院作为这样的一个基地势必能为更多有志于教育国际化的广州中学提供更多的国际化教育的帮助和支持。

广州市第四中学校长陈秋兰女士从"教育国际化的道路上，我们为什么而出发"作为切入点展开讲话。陈校长引用黎巴嫩诗人纪伯伦的一句话"有时候我们已经走得太远，以至于我们忘记为什么出发"而引起在场各个校长的思考，她表示一直以来对学校的国际化充满了困惑，尤其在当代的教育社会，很多功利、浮躁的因素导致国际教育已经渐行渐远。而这样一个协作组的成立，也给了陈校长很大的信心，在华南师范大学基础教育培训与研究院和广东省中小学校长联合会的支持下，携手协作组的联盟学校和广州实验学校树童书院，一定能将学校发展国际化实实在在地落地，好比给了战士全副武装一样，学生定能真正地具有国际化的教育素质。

南国学校校长李荣荣女士也分享了南国学校在国际化探索中取得的成绩。作为一所具有丰富的国际生源的学校，学生来自三十几个国家，在公办学校中可说是独树一帜。李校长也表示南国学校的宗旨是建设成既具有典雅文化根基，又具有时代气息国家视野的学校。对于教育的国际化探索过程中，李校长也提出了自己的困惑，如资金、教育政策等方面的限制，如今了解到这样的一个协作联盟，她也表示希望通过这样的一个合作能更好地发展国际化教育。

东道主何树声校长介绍了广州市第五中学的教育特色项目——书法教育，广州市第五中学是新中国成立后建立的第一所公办学校，一直秉承科学精神与人文情怀相结合的教育模式，正是这样一个坚持书法教育特色学校，美国德州教育部主动与五中取得联系开展合作，所以说领袖人才的视野必然需要包容各种文化。何校长也表示"且行且珍惜",珍惜华南师范大学基教院和校长联合会的平台,珍惜广州实验学院树童书院的支持,珍惜教育者聚集在一起进行的思想的碰撞,相信未来可以一起携手把国际化的课题发展打造得更好。

2014年5月5日,广东省中小学校长联合会、华南师范大学基础教育培训与研究院、树童乔斯顿书院与广东广雅中学在广东广雅中学山长楼联合举办了协作联盟及国际融合课程研发研讨会。

2015年农历新年期间,在深圳创新企业社会责任促进中心公益基金资助下,我率领广东省中小学校长联合会代表团一行五人,受邀赴美国圣地亚哥参加全美中学校长协会(The National Association of Secondary School Principals,简称NASSP)2015年年会。

2015年7月15日至16日,由北京师范大学中国教育创新研究院、深圳市创新企业社会责任促进中心、中国教育创新成果公益博览会组委会主办,广东省中小学校长联合会承办,广州大学附属中学、广东广雅中学协办的"2015中美校长高峰论坛——美国荣誉校长中国行广州站"在广州大学附属中学大学城校区成功举行。"美国荣誉校长"是美国国家中学校长协会(NASSP)组织发起的全国性校长评选活动,每年举办一次,此奖项代表着美国校长的最高荣誉。由50个州教育局从数万名校长中层层选拔,推选出一名最能代表该州的杰出校长。经多方国家级专业人士组成的评选委员会审核,最终角逐出一名校长授予"美国国家年度荣誉校长"称号,并受到美国总统在白宫的接见和颁奖。此次美国荣誉校长中国行，美国国家中学校长协会（NASSP）主席Michael Allison，国际知名教育家、教育顾问、加拿大索恩伯格专业发展研究中心副总裁Ted McCain等一行12人的美国校长团队将在深圳、广州、西安、上海、北京五大城市展开主题演讲及中美卓越校长的对话与交流。而在广州站的论坛中，Ted McCain作了以"认识每一个大脑的独特性：基于脑科学的个性化教学策略"为主题的讲演，与中国的校长、教师们分享了他在加拿大、美国等地，对大脑的研究以及大脑的个性化对日常教学过程中的影响。主题讲演结束后，七名中美校长对"激活大脑：提升教学效能的根本路径"的话题进行了深入的分享与交流，分别以中美两国学生作为案例，共同探讨了如何科学通过学生的行为，进一步研究大脑的特质，从而发掘具有创新性、高效性的教育模式。其间，还分别举办了"聚焦走班制——如何指导学生学会选择""数字化时代的教学——如何利用技术实现学生个性化发展""建立21世纪循序渐进式课堂"三个工作坊，主要针对当前中国教育在面临深化考试招生制度改革的新政下，中国的中小学校"如何借鉴与交流国际教育先进经验与模式""如何开展选课、走班甚至走校模式下的学校与教学管理""如何开展学生综合素质科学评价""如何尊重与促进学生个性化发展"等问题展开对话和讨论。

2016年5月27日，由广东省中小学校长联合会携手中国教育论坛、羊城晚报社联合举办"2016未来学校国际论坛——搭建创新支点，助推教育变革"活动。来自全国各地中小学校长代表、企业总裁、高校教授等教育与企业跨界风云人物，针对"寻找创新支点——教育改革路径探索""寻找最具变革力的校园——创新实践分享""时代变革下的创新人才培养"三大焦点议题展开热烈讨论。

2017年5月，广东省中小学校长联合会与美国常青藤教育协会达成合作协议并签署备忘录，双方友好合作，共同部署中国传统文化课程及学校发展的国际标准认证，构建教育战略未来。

联合会通过利用自己丰富的社会资源，进行了内联外引，为广东省的中小学校长们打造了一个发展平台，拓宽他们的国际视野，建立起广泛的内外合作关系。联合会还组织了种种跨界联通活动，为建立一个社会大教育格局，为广东的教育发展获得更广泛的社会支持进行了尝试，并获得了初步的成果。

四、为联合会打造一个品牌标识

早年，我在研究学校文化建设、学校品牌建设等问题时，参照了企业文化建设的CI战略，提出了要通过建立学校的形象标识系统来显示学校的品牌形象、品牌特征。

后来，我又从国内外的各种论坛现象中得到了启示，以论坛为载体，不断凝聚举办者的能量、扩大举办者的影响，是树立举办者社会形象的一种有效策略。论坛越能持续举行，就越能显示举办者的能量，越能对举办者的形象产生持续性的强化影响。

没想到，这些早期积淀，在我担任广东省中小学校长联合会会长的时候，又派上了用途。我们决定，要通过举办一个持续性的讲坛，来建立联合会的品牌标识，显示联合会的能量，扩大联合会的影响，树立联合会的品牌形象。

（一）"山长讲坛"的筹备

广东省中小学校长联合会的核心价值之一，就是秉持"接续传统"的人文价值。这就是我们为什么要将讲坛命名为"山长讲坛"的缘由。

"山长"是历代对书院讲学者的称谓。据史料显示，唐朝灭亡后的五代时期（907—960年），一个名为蒋维东的学者隐居于湖南衡山讲学，听其讲学者众多，皆尊称其为"山长"。"山长"一词，就成为对有学问的讲学者（即后来的教师）的尊称。宋元以降，"山长"一词演变为对书院主持者（即后来的校长）的专称。废除科举制度之后，书院改称学校，学校主事者便称之为校长，山长的称谓即随之废止。

我们重拾"山长"一词，便有"接续传统"之意。我对"山长"一词的理解，既重其"山"之义，也重其"长"之义。

重其"山"之义，是以"山"的自然之景代指人的心理之境。作为一名现代学校的校长，应该类似遗世独立的大山那样，具有一份不堕世俗、不随凡嚣的清静与冷静，才能有助于其专业修为、办学之为。

重其"长"之义,是希望我们的校长,真正能以"师长"自居,努力做到学高为师、身正为范,配得上被人尊称为"师",被人尊称为"长"。

我们引用"山长"一词,还有崇尚、发扬古代书院的传统精神之意。学者们的研究,将我国古代书院的传统精神概括为:

一是崇圣尚礼,重在人格养成。在中国古代,学校教育分为官学与私学两类,书院属于私学一类。书院教育与官学教育最重要的区别,在于其办学目的是为教育而非为科举。从诞生之日起,书院就逐渐形成其独具特色的教学模式和人才培养模式,确立起与一般官学教育不同的教学体制。

二是崇尚践行,重在经世致用。在培养目标方面,官学教育立足于科举应试之道,着眼于为官僚体系选拔人才;书院教育则强调弘扬义理之学、修养之道,以人格教育、繁荣学术、人才养成、传授知识为培养模式。

历代书院教育都明确反对把书院办成攫取功名利禄的名利场,反对把专攻科举考试所需的文辞之学作为教学重点,而主张效法古代圣贤"教学为先"的办学理念,弘扬"以教化为先务"的优良传统,把造就"得时行道、事业满天下"的经世济国之才作为培养目标。

三是崇尚学术，重在兼容并蓄。书院教育强调为师者要以身为范，严谨治学，警世诲人，言发肺腑，成为人们景仰的楷模。南宋时期，号称"东南三贤"的朱熹、张栻和吕祖谦，开启了书院会讲的学术交流制度，各书院举行学术性聚会或研讨会，不同观点的学者交流彼此的学术观点，形成一批会讲式书院，活跃了书院的学术气氛，促进了中国传统学术文化的发展。

我们的"山长讲坛"，就是要以我国古代的书院精神为参照，让我们的校长们在"山长讲坛"上传承和发扬我国优秀民族文化传统，传承和发扬我们优秀的教育文化传统。

"山长讲坛"于2016年开始筹备，2017年6月24日正式开讲，以"启迪教育智慧，分享教育之道"为宗旨，致力于打造一个中国教育智慧的分享平台。

我们设想，"山长讲坛"每两个月举行一场，一季（即一年）共设6场，每场诚邀4~6名校长、教育家和其他各界名家共同参与，分享各自独特的教育观点和办学理念。

（二）山长开讲

2017年6月24日，"山长讲坛"首次在广州市的广雅中学开讲。来自不同地区、不同类型学校的五位嘉宾，分享了他们的教育观点、办学理念和生活体会。

我首先围绕"校长应该成为师生的精神领袖"这一主题，从"校长要有自己的理念和追求""'校长领导力'是学校发展的重要因素"等方面阐述了自己的观点和主张。

随后，广雅中学校长叶丽琳围绕"让文化濡染人心"这一主题，从"发现，让教育走向和谐""让最好的自己与世界站在一起"等方面分享了自己的办学体会。

深圳厚德书院校长何道明围绕"教育的责任"这一主题，从"我不是来颠覆中国应试教育的""教育之路不应该那么窄"等方面谈了一个外来教育工作者在中国办教育的体会。

武汉市武昌实验小学校长张基广围绕"把丢掉的东西捡回来"这一主题，从"教育是理想者和梦想者的事业""办学是一件自然、简单和从容的事情"等方面分享了一个理想者和梦想者的事业追求。

广州绿色之春文化传播有限公司创始人关鸣以"与更广阔的时间建立联系"为主题，谈了"我的十年坚持：思想沙龙"和对"最有品质的生活"的理解，从一个业外人士的角度对校长们的办学给予了启发。

为了让社会对"山长讲坛"有更多的了解，在"山长讲坛"首次开讲后，我们用一种采访报道的方式向社会推介山长讲坛的相关内容。

盼望着，盼望着，6月来了。山长君今天来和大家聊聊昨天新鲜出炉的"山长讲坛"。先看看"山长"从哪来？山长君已探知答案——中国古代书院。

中国古代书院肇创于唐，繁盛于宋元，历明清而不衰，赓续千年之久。迄至近代，才逐渐为新式学校教育所取代。在这上千年的发展进程中，书院文化内涵丰富、博大精深，形成了以人格修养为旨归的尚德精神、以经世致用为特点的务实精神、以薪火相传为特征的创新精神。

知道了这些，今天我们的"山长"就要开坛论道啦！现在就让山长君代表大家采访一下我们现代的"山长"——华南师范大学原副校长、华南师范大学附属中学校长、华南师范大学基础教育培训与研究院首任院长、广州中学首任校长吴颖民。

问：您刚刚出任广州中学的首任校长，同时作为"山长讲坛"发起人和首场演讲嘉宾，请问您，"山长"是什么意思？

山长：山长是历代对书院讲学者的称谓。五代蒋维东隐居衡山讲学时，授业者称之为山长。也就是说"山长"是对那些在书院讲学之人的一个尊称。

问："山长讲坛"这个名字一听上去就有故事感。请问您，为什么会为这个教育智慧分享平台起名叫作"山长讲坛"？

山长：在没有现代学校之前，以前的学校叫书院，书院的校长叫山长，所以我们用有历史感的校长称谓"山长"做论坛名，希望能表达继承优良传统文化的意愿，同时也给公众一种新鲜感。

问："山长讲坛"是广东省中小学校长联合会发起的，以启迪教育智慧为宗旨的教育智慧分享平台。您为什么想到发起"山长讲坛"这样一个教育智慧分享平台呢？

山长：我觉得要更好地分享校长的教育智慧，才能推动教育的公平和质量的提升。校长的智慧应该被社会所了解，为老百姓、家长所了解，需要有一个机制来传播分享。建立"山长讲坛"这样的机制，既有利于校长们之间的交流，也有利于提升家长们和社会公众的教育修养，了解如何办好学校，如何教育好孩子和提升教育质量。这是一件有益于校长、家长、社会的事情，一件有意义的事情。

原来"山长讲坛"是这么一回事，看来这个讲坛不简单，是要为中国基础教育界做大事情呢！

2017年第一季山长讲坛共设6场，每月一场，每场诚邀4～6名校长、教育家或其他各界名家共同参与。第一季"山长讲坛"一共有27名山长、4位跨界嘉宾登上"山长讲坛"的演讲台，分享了他们的教育智慧与人生智慧。

在2017年12月11日的"山长讲坛"上，我们举行了广东省第一批学生发展指导实践基地授牌仪式，23所学校成为首批学生发展指导体系建设创新示范基地。此次学生发展指导体系建设创新示范基地授牌，也将开启广东教育的学生发展体系研究与实践的新篇章。学生发展指导体系建设创新示范基地培训于12月15日至17日在广州中学（五山校区）顺利举行，来自首批学生发展指导体系建设创新示范基地的11所学校、百余名的校长和教师参加了培训。

2018年，第二季"山长讲坛"共设3场，每场诚邀8～11名校长、教育家或其他各界名家共同参与，从传承与创新、学校国际化的基因与蜕变、智慧校园的现在与未来三个方面探讨和分享了他们教育经验与教育智慧。

2018年中国教育学会教师培训者联盟年会之"山长讲坛"邀请了16名来自中国各地的教育专家、跨界嘉宾一起分享他们的教育经验。

除了主论坛之外，"山长讲坛"还致力于举办微讲坛来促进教育从业者的沟通交流。如"山长讲坛领航专场""'新时代·新师范·新机制'长江山长微讲坛"等。

"山长讲坛"的影响力在不断扩大，"山长"的智慧传播范围越来越广，"山长讲坛"的品牌越来越闪亮。第三季"山长讲坛"于2019年3月份开启，为更多的校长搭建交流互动的学习平台，传播教育智慧。

（三）"山长讲坛"的影响

"山长讲坛"开讲之后，在社会上产生了热烈而持续的影响。

据统计，累计有超过60万观众在线观看"山长讲坛"，超过300万社会各界人士通过各种途径关注，超过50家的媒体多次持续进行报道。其中《羊城晚报》自2017年起连续13场报道；《中国教师报·教育家周刊》6次刊登"山长讲坛"演讲嘉宾的演讲精选：其中全文刊登我在第一季首期"校长应该成为师生的精神领袖"的主题演讲，全版刊登第二季首场"山长讲坛"——探寻百年老校发展新活力的嘉宾演讲内容；《中国教育报》于2019年5月大版面刊登对我的专访并对第三季首场"山长讲坛"进行宣传介绍。

2019年5月15日《中国教师报·教育家周刊》报道了第三季首场"山长讲坛"，并全文刊登了演讲嘉宾珠海市第一中学校长韩延辉的演讲内容——《师者，行者》。我觉得这篇演讲稿很有启发意义，特摘录如下，与同行们分享。

校长作为行者，可以是共行者、先行者、独行者、让行者、慢行者、品行者。育有品质的学生，办有品位的学校。

有一个场景令我永远难忘。2009年，我随珠海教育团去西藏慰问援藏的工作队，汽车行驶在高原公路上，我发现路边有一些人或背着行囊，或推着车子，或开着手扶拖拉机，有的是一个人，有的是几个人，有的是拖家带口。

当我们下车跟他们聊天的时候，看到他们满脸风尘，虽然脸上被风吹日晒得黑亮黑亮，但目光中透出的是执着，我想，这些行者一定怀揣着沉甸甸的使命。做教育工作的人，不也是怀揣着沉甸甸的使命在不断行走吗？

在我看来，校长作为行者，一要做共行者，二要做先行者，三要做独行者，四要做让行者，五要做慢行者，六要做品行者。

所谓共行，就是要与时代共行，与团队共行，与社会、家长共行。做教育的人，一定要做与时代共行的教育。一些学校为了所谓的高考升学率，拼命地加班加点，只顾成绩不顾其他，完全忽视青少年身心健康发展，这种教育是与时代相悖的。我们应该培养乐于求知、勤于实践、善于交流、勇于担当，具有科学精神和民族素养，具有国家情怀和国际视野，具有强健体魄和健全人格的社会主义建设者和接班人。校长要不断更新观念，紧跟时代步伐，与时代同行。

一所学校有两个团队，一是管理团队，二是教职工团队。不管哪个团队，都要注重与他们同行。只有与之同行，团队才有凝聚力、战斗力，才能促进学校可持续发展。团队建设一定要注意同步，把握节奏和步伐，这方面校长一定要跟学校领导班子一起与大家打成一片，同甘共苦、同舟共济、以诚相待。如此，教师会觉得校长不是高高在上的，从而更能认同校长的管理，整个团队就会形成一种合力。

鲁迅说过一句话，"无尽的远方，无数的人们，都与我有关"。其实在我们整个职业生涯过程中，有无数的远方、无数的人们、无数的学生家长，他们都与我们有关，因为学校实施任何一个教育方略，任何一个教育步骤、措施、方案，都要得到家长和社会的认同，否则将寸步难行。

所谓先行，首先意识要先行。在办学过程中出现的每一个细节，都需要考虑到对学校发展的种种影响，并在前进的过程中不断发掘师生身上的闪光点，不断发现存在的问题与缺点，只有这样我们才能做到携手前行。其次策划要先行。对于未来的发展，一定要策划在先，要具有预见性和前瞻性，要预测未来，同时要创造未来。

所谓独行，是指特立独行，做校长的要努力造就学校的特色和风格。有人说一流的学校是一流的设备，一流的师资，一流的学生，一流的评价，其实还有一点，一定要有一个有个性的校长。只有在有个性校长的引领下，学校才有自己的特色和独特的办学风格，才能办出有质量、有特色、有品位的教育。

所谓让行，本是交通用语，在这是指我们在学校与教职工一起工作、学习、生活时，需要彼此"通畅"，特别是在评职称、评优评奖时，校长一定要心胸坦荡、包容他人，而且要高风亮节，把一些重要的奖励、评审机会让位给教师，将重心放在学校发展大局上。校长要发挥示范作用，带好头，做好表率，带动整个教师队伍的发展。

所谓慢行，是指要具备慢的思维。学校的发展是不可逆的，比如说校长在制定学校发展规划和具体办学思路时，一定要稳中求进，条件不成熟的一定要慢下来。我们经常听说，一个新校长一上任就把全体中层干部重新竞聘，过不了几天，这所学校可能就乱套了。因为发展是具有延续性的，条件不成熟的时候，我们不能快走，一定要慢行。

所谓品行，是指人的行为品德。师者，人之模范也。在学生眼里，教师是"吐辞为经、举足为法"的，他们的一言一行都会给学生以极大影响。因此，做教师特别是做校长，一定要不断加强自我修养，不断提升自己的品行，做一个有品行的行者，育有品质的学生，办有品位的学校。

2019年7月7日，广东省中小学校长联合会换届会议在华南师范大学石牌校区成功举办。广东省教育厅、广东省民政厅等领导出席会议，第一届理事会成员以及会员代表共200余人参加了本次换届会议。

我作为广东省中小学校长联合会首任会长向会议作了第一届理事会工作报告，以"六年工作回望——搭建平台促成长，专业服务提能力"为题，从六个方面汇报了联合会六年来的工作。

一、整合资源，精心搭建平台，促进校长专业成长；

二、专业引领，提供培训咨询，助力校长、教师整体素质提升；

三、呼吁改革，担当"智库"责任，为教育改革和发展献言献策；

四、融通世界，拓宽校长国际视野，提升校长办学格局；

五、做好社会宣传，传播粤派校长的办学思想和教育成果；

六、强化自身建设，全面提升联合会的服务职能。

转眼间，六年过去了。六年来，我努力地为广东校长的成长出谋划策，为校长联合会的发展贡献自己的微薄力量，虽然我不再担任联合会的领导工作，但一定会继续关心联合会的发展，尽最大努力支持新会长的工作，让校长联合会一直成为校长们的精神家园，成为教育行政部门得力的智囊团。

第三节　再任校长

2013年8月，在我离任华南师大附中校长时，许多传媒朋友非常关心，纷至沓来对我进行采访。在众多的媒体采访当中，我记住了《新快报》的一名记者。这个记者之所以让我留下深刻的印象，就在于采访临结束时向我提出的最后一个问题："如果让您去一个普通学校当校长，您会怎么做？"

当时，我笑了笑回答道："不管在什么学校，我倡导的理念，培养的方式都是一样的，具体方法可能会不一样。"

我当时的回答，十分笼统。也许，记者对自己提出的这个假设，并不期待能得到什么真正有意义的答案；而我，也不可能给出什么真正有意义的答案。

在之后的相当长的一段时间里，这个问题时不时地会出现在我的脑海里。我自己也感到纳闷：为什么我对这个记者提出的这个问题一直难以忘怀？

也许，它道出了我事业上似乎无法弥补的一个遗憾：我只是在华南师大附中这所极为特殊的学校里取得了成功，而没有在一所普通学校验证自己的办学理念。

华南师大附中的办学理念、办学经验、办学成果，能够复制到一所普通学校中去吗？如果离开了华南师大附中这个特定的文化土壤，我的办学理念还能在一所普通学校中践行吗？我的办学理想还能在一所普通中学中实现吗？这不但是我自己反复思考的问题，也是社会上普遍存疑的问题。

其实，这些问题归纳起来，就是一个：社会上津津乐道的华南师大附中，到底具有怎样的"普世价值"？

可惜，我已经退下来了，似乎再没有什么机会可以继续在办学实践中去验证，就算是我的事业中留下的一个遗憾吧！

其实，把华南师大附中的办学优势输送到其他学校中去，我们也不是没有尝试过，并且还取得了令人瞩目的成果。

当年，华南师大附中在实施集团化发展的战略时，以校本部一己之力带出了四所民办学校——华南师大附中附属番禺学校、华南师大附中附属南海实验高中、华南师大附中附属新世界学校和华南师大附中附属汕尾实验学校。这四所学校，既继承和发扬了华南师大附中的优良办学传统，又形成了自己的办学特色，成为当地一个优质的教育品牌。事实证明，华南师大附中的办学经验是可以在其他学校中复制的，华南师大附中的办学传统是可以在其他学校中传承的。华南师大附中的办学传统和办学经验，具有一定的普遍意义。

然而，这四所学校，皆属民办学校。在一所公办学校中，还能取得同样的效果和成功吗？

2017年5月21日，一个特别的聘任仪式在天河区政府大院北会场举行。天河区政府宣布：聘任华南师范大学原副校长、华南师范大学附属中学原校长、华南师范大学基础教育培训与研究学院原院长吴颖民教授为广州中学首任校长，同时聘任为天河区人民政府教育顾问。

2017年8月25日，社会期待的广州中学举行了揭牌仪式，以"广州"这个千年历史文化名城、国家重要中心城市命名的学校正式开办。揭牌典礼上，我以广州中学首任校长的身份致辞，或者说，是发表我担任广州中学首任校长的就职演说。

是什么促成了我在卸任华南师大附中校长近四年之后再接过广州中学首任校长聘书的呢？社会上诸多猜疑，朋友们也十分关心。原因繁多，难以一一言表。但有一点是十分确定的，那就是我内心中始终存有一种冲动，我希望再次用自己的办学实践来回答那个记者的最后一问，我希望在发扬光大华南师大附中的"普世价值"中，在再次活用自己17年的治校经验中，了却自己一份事业上的遗憾。

对此，我称之为一种"老兵情结"，朋友们却说，那叫"壮心

2013年暑假，作者以华南师大附中原校长的身份接受广州地区媒体的采访。

未已"。

典礼的喧闹结束之后，我内心重归宁静。捧一盏清茶，倚立窗前，遥望天际中的黄昏落日，我忽然想到了友人曾经说过的：把"夕阳无限好，只是近黄昏"稍微改动一下，就变成"虽是近黄昏，夕阳无限好"了。还听朋友说过："心中无落日，何处是黄昏。"

在67岁重任校长之时，我虽没有"心中无落日，何处是黄昏"那样的境界，但起码可以享受一下"虽是近黄昏，夕阳无限好"的景致吧！

一、一次无以堪比的艰难抉择

在我的人生和职业生涯中，有过不少的选择，既有主动选择，也有被选择。那些主动选择，全出于自身的主观能动性；那些被选择中，一些出自组织的需要，我无条件服从，有些则被我主动拒绝了。

当年，我选择了上山下乡，开启了我的知青生涯。

在知青点，我选择了参加高考，开启了我的教育生涯。

在学校里，我选择了从陆丰调到广州，开启了我在华南师大附中的事业。

后来，我被任命为团委书记、教导主任、副校长，开启了我的管理事业。

后来，我被任命为华南师大附中校长，最终成为一名资深的学校管理者。

再后来，我被任命为华南师范大学副校长、华南师大基础教育培训与研究学院院长，贯通了基础教育与高等教育的管理领域。

在担任华南师大附中校长期间，曾被动员调到省级政府部门，我婉拒了。

在我卸任华南师大附中校长之后，一些民营教育机构动员我加入他们，我也婉拒了。

在所有的选择中，无论是主动选择、被选择还是婉拒，在做出决定时，我并没有犹豫、犯难，皆是在一种欣然的状态下果断决定的。

上山下乡，是我被动之中而带有主动的人生道路选择；参加高考、调到华南师大附中，是我主动选择了改变自己的人生道路乃至职业生涯。接受组织的任命，是无条件服从；婉拒他人的动员，也是快意而行。

唯有在接下广州中学首任校长的聘书前，我经历了一次前所未有的艰难抉择。

其时，我已年届67岁，没有了青年时期的那种朝气勃发，也没有了壮年时期的那种雄姿英发，已过了"知天命"而进入了"耳顺"之年。我被任命为华南师大附中校长时年方46岁，在步向古稀之年时再任校长，是否力所能及？

古人云：百里之程，九十为半。按古人的说法，在我职业生涯的最后这"十里"中，才是最为艰难的。一旦力有不逮，则前程尽毁——前面所有艰辛历程的努力皆可能白费了。

我之前所获得的种种荣誉、种种社会嘉奖，什么"标兵""六十年六十人""当代教育名家"，等等，也可能因为再任校长时的力有不逮而使之蒙尘，黯然失色。

没有了青壮年时的那种果敢决断，却多了步向古稀之年时的瞻前顾后、优柔寡断。任是我如何一路走来，最终也难逃人性弱点的羁绊。

真是一次前所未有的艰难选择！

最终，我还是选择了接下广州中学首任校长的聘书。至于做出决定时的主动性与被动性，我想，应该就是对半分吧——各占50%吧。在主动性当中，那种"老兵情结"，那种"在事业上不留下遗憾"的强烈希冀，大于我的忧虑，最终让我做出了主动选择。客观地说，如果没有这种主动性，也就不会有任何接受的可能。而之所以说也是被动的，是因为社会的强烈愿望、各级领导的真诚邀请和各界人士的鼎力支持，在我的面前、背后、四周形成了一种强大的"场效应"，抵消着我的各种担心，最终推着我走向前去接下了那一纸聘书。

有朋友说我耳根子太软，也许这就是我的性格弱点吧，也只能认了。有时候，事情就是处于那么一种"形势比人强"的状态中，你不得不被推着走。

其实，经过那么多年的历练，我知道自己的最终决定不是轻率的，因为，我已经深入进行了各方面的可行性论证。

广州中学是在原广州市第四十七中学的基础上建立的。原广州市第四十七中学，是天河区的重点中学，无论是历史上还是现实中，原广州市第四十七中学在天河区的所有学校中都是定位最高、实力最强、办学质量最好的。作为区属学校，原广州市第四十七中学居于广州市区属学校前列，紧追市属、省属学校。它的教师队伍很有活力。原校长很有想法，在新一轮百千万工程中我是他的导师，与我私交甚好，彼此有类似师生之谊的关系。我判断，原广州市第四十七中学是一所具有很大提升空间的"新生代"学校。

从1978年调入华南师大附中，到2013年在华南师大附中卸任校长，三十五年来，我一直工作、生活在天河区，对这片土地充满了感情。我深知，天河区的经济实力在广州市乃至更广大的区域中，是令人瞩目的；天河区的经济发展与教育发展，是极不匹配的；满足天河区广大人民群众对优质教育的强烈需求，对历届政府来说都是一种沉重的社会压力；历届政府，也都在尽自己最大的努力来拉近教育发展与经济发展之间的差距。

作为一个天河人，我在华南师大附中工作时，已在尽自己的最大努力为天河区的教育发展做出自己的贡献。如今，面对着天河人民的热切期待，面对着天河区政府的诚意力邀，我这个天河人无力婉拒，也无从婉拒。我相信，在天河人民和天河区政府的全力支持下，我的办学自主权能够得到最大的保护，我需要的办学条件能够得到最大的满足。

尤其是以"广州"来命名这所学校，就不仅仅是天河区人民的事情了，它带上了一个古老名城的印记，承载着1400多万广州人民的希望。在一次"中国广州国际投资年会·城市形象国际传播推介会"上，我曾经做过一个题为"广州教育之印象"的演讲。其中谈道：

1888年，在广州同时创办了两所名校。一所是由清朝两广总督张之洞创办的广雅书院，著名思想家、哲学家、教育家、社会活动家梁漱溟曾任校长，制定了"务本求实"的校训。另一所是由美国人哈巴博士创立的格致书院（华南师范大学附属中学的前身），后由民国时期著名教育家钟荣光出任校长，在华南地区最早实施新学制，引进西方课程体系，一直保持着"以人为本，敢为人先"的办学传统。

1924年，广州又同时创办了两所在我国民主革命时期赫赫有名的学校。一所是由孙中山先生创办的黄埔军校，培养了大批战功显赫的军事将领；另一所是由毛泽东先生创办的农民运动讲习所，培养了大批农民运动的杰出战士和革命领袖。

广州，已成为华南地区、粤港澳大湾区的科技教育文化中心。在以开放包容、务实进取为特质的广府文化滋养下，广州形成了多元化、多样化、国际化的教育大格局。

这种教育大格局，一方面为年轻人在广州升学就读提供了众多的选择，为满足多样化的教育需求创造了条件；同时，多元文化的肥沃土壤，也为个性化人才培养创造了良好氛围。

这种教育大格局，必将在推动粤港澳大湾区的协同发展中，在培养更多视野开阔、思维活跃、个性鲜明、创新力强的国际化人才方面，做出新的贡献。

我认为，在广州做教育，环境宽松，资源丰富，视野开阔，开放包容，让人不压抑不焦虑。在广州做学生，有更多尊重，有更多选择，也让不同个性有更多发展机会。

广州人民让我们天河区用"广州"为一所区属学校命名，包含着对天河区人民和天河区政府的支持和信任。作为广州中学的首任校长，我既感到身上承担的压力，也感到无上荣光。

在做出了艰难抉择之后，我开始再次创业。

广州中学校旗猎猎，全校师生朝气蓬勃。我们要为不负"广州"这个古老城名而努力奋斗，将学校打造成为一张靓丽的城市名片。

二、揭牌典礼上的致辞

在2017年8月25日的"广州中学"揭牌仪式上，我作为首任校长做了题为"让每一个生命都绽放精彩"的致辞，初步勾勒出我对广州中学的宏观设计。

各位领导、各位来宾、老师们、同学们：

大家好！

今天，对于我们广州中学来说，是一个具有历史意义的日子。我们齐聚凤凰校区，举行隆重而简朴的校名揭牌仪式。我谨代表广州中学全校师生员工，对前来参加揭牌仪式的各级领导、各位来宾、朋友们表示热烈的欢迎！对关心支持广州中学创办和建设的市、区各级领导和各界朋友表示衷心的感谢！对为广州中学凤凰校区升级改造付出辛勤劳动的建设者们表示诚挚的敬意！

在全城人民翘首以待中，以广州这座千年古城命名的"广州中学"，终于横空出世了！作为广州教育的一分子，作为广州中学的首任校长，我既兴奋激动，又深感责任重大、使命光荣。不辜负市区两级政府的重托，不辜负广州人民的厚望，是我和班子成员的共同使命和不变的决心！

自先秦建城以来，历代广州人在独特的地理环境、悠久的历史坚守中，逐渐形成了开放、包容、务实、进取的广州精神。广州人用一座五羊衔稻穗的塑像，寄予自己的朴素愿望，表现出农耕文明的务实与淡定；广州人从南海神庙出发，沿着海上丝绸之路走向五洲四海，在中外文化碰撞交融中表现出开放与包容；黄花岗七十二烈士墓园、孙中山大元帅府、黄埔军校、农民运动讲习所等历史遗迹，凝聚着广州人在中国社会大变革中浴血奋斗的革命精神；云山珠水间的巍峨高厦、璀璨华灯，述说着广州人在改革开放中的开拓进取。两千多年的历史，铸就了开放、包容、务实、进取的广州精神。

我们提出"以广州精神激扬生命，顺时代潮流成就梦想"的办学理念，就是要把这座千年古都、历史名城的文化品格，注入广州中学的文化基因中，以激扬师生的生命活力，铸就师生的精神特质，彰显每一个师生的生命价值。

当今的全球化时代，设计、制造、金融各种业态在全球中联动，资本、商品、人才、信息各种资源在国际间流通。国家和地区之间的政治、经济、文化出现了前所未有的碰撞和交融。当今的信息化时代，知识爆炸已呈常态，知识更新周期渐短，信息媒介日益创新，数据与网络正在改变着人们生产、生活和学习方式，广州也日益成为国际化、创新型的现代化大都市。

我们提出"顺时代潮流成就梦想"，就是要弘扬勇立潮头、敢为人先的广州精神，把全球化、信息化的契机和挑战引进校园、引进课堂，让我们的学生具备跨文化的学习创新能力和进入国际大循环的生存发展能力；让我们的师生能够善用信息化时代的工具和资源，突破以往学校教育的时空局限与个体差异局限，创新我们的学习、教育方式，助推每一个师生做最好的自己、成就人生梦想！

以"广州"作为我们的校名，是广州人民对我们的信任。我们将肩负广州人民的厚望，弘扬广州精神，展现广州风采，成为广州教育竞争力的新标杆。

我们要让广州中学的办学模式具有时代的前瞻性，能够满足未来社会的发展要求，成为一个学校、教师、学生、家长整体互动的圆梦平台。

我们要让广州中学培养的学生，在全球化的潮流中，具有跨文化的学习与创新能力，成为能够担当国家民族重任和参与国际竞争的新型人才，在建设人类命运共同体的伟大事业中，发挥中国对世界的影响力。这就是我们的时代使命。

在广州中学的校园里，我们追求的目标是"让每一个生命都绽放精彩"，我们要尊重、善待每一个人，关注、关心、关怀每一个师生，我们要努力实施既能体现共同要求又能满足个体差异的教育，让每一个学生都能做最好的自己；我们要努力关注不同学科、不同发展阶段、不同个体的教师成长需要，促进教师专业成长，让教师找到职业成就感和人生幸福感。我们要耕耘一片肥沃的校园文化土壤，里面有和谐的人际关系，有宽松的心理氛围，有活跃的思想状态，有高尚的道德情操，有强烈的奉献精神，我们要为师生绽放人生精彩创设一种良好的生态环境。这就是我们的办学愿景。

为了实现学校发展的美好愿景，我们要正确认识和把握好国家意志与个体意愿、服务社会与成就自我、面向全体与关注差异、教师发展与学生发展、知识技能与道德品格、科学精神与人文素养、体质健康与心理健康、夯实基础与发展特长、继承传统与开拓创新等众多关系，积极推进课程、教学、德育、评价、管理五大领域的改革，让办学理念落到实处。

我们要坚持以学习者为中心，建设既体现国家意志又满足个体需求的高水平、多样化、可选择的学校课程体系，增强学生课程学习的自主性和选择性，回归"由人选择教育而不是由教育选择人"的本质要求。

我们要以走班制、学分制、合作学习、混合学习为着力点，积极探索教学组织形式和课堂教学模式的变革，让学生自主发展、个性发展、差异化发展和教学相长的目标变成现实。

我们要以导师制、学长制为抓手，积极探索学生德育和学生管理的新路子，通过导师制全面加强学生发展指导、落实全员德育；通过学长制提升学生自主意识和自治自理能力；要支持和发展以学生兴趣爱好和价值认同为纽带的社团组织，让学生在创造校园生活中真正成为学校的主人。

我们要以加强自我评价、过程评价、多元评价、综合评价为着力点，进一步发挥评价的诊断功能、反馈功能、激励功能和导向功能，促进学生在认识自然、认识社会、认识自我的基础上，更加自主自觉地、全面而有个性地发展。

我们要以增强活力、提升效益为目标，推动智慧校园的建设，继续探索重心下移、扁平化管理的路子。在多校区、强学部的背景下，处理好条块关系，优化统分机制，把统一要求、统一管理和增强校区、学部活力结合起来，提升资源配置的效益和品牌风格的一致性。

我们清醒地知道，无论是一所全新学校的起步，还是一项触及利益、格局、传统的改革，都不可能一帆风顺，都将面临种种困难与挑战，因此，来不得半点虚假、懈怠和夸夸其谈。实干兴邦！我们要发挥广州人务实低调、埋头苦干的精神，义无反顾、脚踏实地地向前发展！

我们愿意用自己的不懈努力，让学校傲立潮头，成为广州教育竞争力的一杆标尺，用我们的智慧和汗水，让每一个学生都持续进步，让同龄人羡慕；让每一个教师都富有成就，令同行信服。

我们坚信，在广州人民的信任支持下，在各级政府的关心指导下，在全校师生的共同努力下，广州中学必将交出一份令人民、政府、学生、家长满意的答卷！

"雄关漫道真如铁，而今迈步从头越"，广州中学将从此踏上征程，奋力前行！

谢谢各位！

我对广州中学的宏观设计，集中在以下诸方面。

我们的办学理念：以广州精神激扬生命，顺时代潮流成就梦想。

我们的发展愿景：具有时代前瞻性，满足未来社会发展要求，让学校成为一个教师、学生、家长整体互动的圆梦平台。

我们的培养目标：让学生具有跨文化的学习与创新能力，成为能够担当国家民族重任和参与国际竞争的新型人才。

我们的课程体系：坚持以学习者为中心，建设既体现国家意志又满足个体需求的高水平、多样化、可选择的学校课程体系。

我们的培养方式：以走班制、学分制、合作学习、混合学习为着力点，积极探索教学组织形式和课堂教学模式的变革，让学生自主发展、个性发展、差异化发展和教学相长的目标变成现实。

我们的评价体系：以加强自我评价、过程评价、多元评价、综合评价为着力点，进一步发挥评价的诊断功能、反馈功能、激励功能和导向功能，促进学生在认识自然、认识社会、认识自我的基础上，更加自主自觉地、全面而有个性地发展。

我们的管理模式：以增强活力、提升效益为目标，推动智慧校园建设，继续探索重心下移、扁平化的管理模式。在多校区、多学部的背景下，处理好条块关系，优化统分机制，把统一要求、统一管理和增强校区、学部活力结合起来，提升资源配置的效益和品牌风格的一致性。

我们的工作作风：发挥广州人务实低调、埋头苦干的精神，实干兴校。

我们的文化精神：我们校园的文化精神，就是开放，包容，务实，进取的广州精神。

三、对未来发展的几个设定

办学过程，犹如一幢建筑物的建造过程。首先需要有一个宏观设计，再变成一种效果图，然后再转换为施工图纸，提出具体技术参数要求，最后通过施工人员在各种建造细节方面的精细操作，使之变成一个建筑实体。

我需要在揭牌典礼致辞中的宏观设计基础上，进一步细化，将其变为一种效果图、施工图，提出各种参数、细节要求，由学校各级管理人员、全体师生员工共同组成的施工队伍，将广州中学办成一所不负"广州"盛名的名校。

但就办学而言，它又不同于建筑工程。诚然，我们也提倡要有严谨的规划设计，有严格的技术参数、材料材质、施工细节等具体要求，但办学处在一种与社会、与外部世界不断交互作用的动态环境中，我们的办学设想、办学行为必须随着社会发展、时代进步而不断地进行调整、修改和完善。这就是我对学校管理中动与静、变与不变之间一种辩证关系的理解和把握。

对广州中学的未来发展，我难以像设计师那样拿出一个完整、严谨、精细的设计方案，但从办学构想的角度来说，有几项基本设定，却是必须明确、毫不含糊的。

（一）发展定位

未来的广州中学到底是怎么样的？社会十分关心和期待。

我认为，广州中学既不可能是原广州市第四十七中学的那般模样，也不可能是第二所华南师大附中。

广州中学，首先要成为能够代表广州教育发展水平的一根标杆。这是不言而喻的。"广州"这个学校品牌特征，需要我们一代代广州中学的师生们持续地努力打造。让学校的办学水平与质量不负"广州"的盛名，这是我们在近期内要努力达成、在发展的中长期中要持续保证的办学目标。

"广州中学应该有'广州味'"，这是我对传媒朋友们的一种形象说法，也是我对广州中学办学个性的一种理解和把握。何谓"广州味"？那就是开放包容、敢为人先的广州精神。弘扬广州文化，传承广州精神，坚持创新改革，不甘人后，敢为人先，这是广州中学在起步阶段就必须形成的一种办学传统。

让每一个生命都绽放精彩，这是我对广州中学职业样态、教育生态的一种要求。尊重、善待我们校园里的每一个成员，无论是我们的学生还是教职员工；关注、关心每一位学生，无论他处在怎样的发展起点上。让每一个师生都能做最好的自己，要为师生绽放人生精彩创设良好的校园生态环境，这是广州中学在开办之日起就要努力建造的精神家园。

广州中学不应该陷入盲目追求GDP的陷阱，不应该成为滋养功利主义的温床，不应该成为失去教育良知的加工厂，广州中学就是一个教人求真、教人为善、教人寻美的育人苗圃。

还原学校本色，坚持教育本质，体现学校教育对师生的人文关怀精神。广州中学倘能坚持这样的价值追求，我想，无论是对自己的再次"出山"，还是对人民群众和各级政府，都应该有个交代了。

（二）教师队伍

广州中学是在原广州市第四十七中学的基础上建立起来的，其教师队伍，主要还是来源于原广州市第四十七中学的教师队伍。

无论是社会上，还是原广州市第四十七中学的教师们，都很关注、关心广州中学的教师队伍组建问题。

社会上关注的是：广州中学依赖原来的教师主体队伍能行吗？没有一支全新的教师队伍，能创办出一所全市人民期待的广州中学吗？

原广州市第四十七中学的教师们关心的是：自己的前景如何？广州中学如何对原有教师队伍进行甄别？

在研究组建广州中学教师队伍的问题时，我们考虑到多种情况：招聘重建？这是不可能的，因为直接受到公办学校人事管理体制的规范；大量调整？也是不可能的，这与公共教育资源要公平、均衡配置的原则是相悖的。唯一可行的，是在局部范围内进行调整。

从个人意见来说，我更倾向于"照单全收"，然后在合适的时候再进行个别、局部调整。原广州市第四十七中学的教师队伍，本来就是按照区重点学校的要求配置的，实际上，他们在原广州市第四十七中学也创造出不俗的工作业绩。如果因为开办广州中学而对他们进行改编，这对他们来说是不公平的，也是会影响队伍战斗力的。

一支队伍，如果能在艰苦创业的洗礼中共同前进，其战斗力是难以估量的。当年的红军，经过万里长征的浴血奋战，蜕变成一支无可匹敌的"铁军"；当年被解放军成功收编的原国民党部队，也在解放全中国的战斗中一改颓势，立下赫赫战功。

我希望，原广州市第四十七中学的教师队伍能在创办广州中学的艰苦创业中与新学校共同成长。至于如何促进教师们自觉地进行自我提升、自我完善，促进教师队伍整体、健康、快速地发展，则是我作为校长在管理育人中一项责无旁贷的任务。如果当中出现了大浪淘沙的现象，虽然是我主观上不愿意看到的，但却是不可避免的客观现象。

在如何建设广州中学教师队伍的问题上，我仍然尊崇"不能只当教书匠，更要成为教育家"的前人遗训。以往，由于某种观点与角度的原因，人们总是以"教书匠"的低俗来映衬"教育家"的高大。其实，如果缺少了"教书匠"的基础支撑，所谓"教育家"就只是空中楼阁。因为，认真专注、精细纯熟的匠人精神，是教育家不可缺少的基本素质；独具匠心的教学设计、改革实践，是教育家的思想源泉。只有当好了"教书匠"，才有可能成为教育家。

在广州中学，我提出"不能只当教书匠，更要成为教育家"的倡议，并作为教师队伍建设的一项发展目标。我们的教师，既要具有认真专注、精细纯熟的匠人精神，也要具有敢于创新、善于提升的教育智慧。

在"教书匠"与"教育家"之间，我用"不能只……更要……"这对表示递进关系的关联词语，表达出对教师持续提升、持续胜任的阶段性要求。

（三）校园建设

人类社会在短短的几十年时间内，就完成了从计算机、计算机＋互联网、计算机＋移动互联网到今天万物互联的发展。这种时代变化，集中反映在学校教育中，就产生了智慧校园。

据资料显示，智慧校园指的是以物联网为基础，以各种应用服务系统为载体，将教学、科研、管理和校园生活充分融合而建构出来的一体化环境。有学者将智慧校园的特征归纳为几个方面：

无处不在的网络学习；

融合创新的网络科研；

透明高效的校务治理；

丰富多彩的校园文化；

方便周到的校园生活。

有学者更一言以蔽之：智慧校园就是要建设一个安全、稳定、环保、节能的校园。

广州中学的校园建设，无疑是要按照智慧校园的建设标准做好设计，打造出一个将教学、管理、服务、生活充分融合的一体化校园环境。我们的校园，要体现出智慧校园的共同特征：

为广大师生提供一个全面的智能感知环境和综合信息服务平台，提供基于角色的个性化定制服务；

将基于计算机网络的信息服务融入学校的各个应用与服务领域，实现互联和协作；

通过智能感知环境和综合信息服务平台，为学校与外部世界提供一个相互交流和相互感知的接口。

但在智慧校园的建设过程中，在享受着智慧校园带来的一切便利与欢愉时，我们必须清醒地意识到当中可能存在的误区，要自觉规避可能存在的风险。

在人们憧憬着智慧校园对学校教育的效率和质量以及校园管理、校园生活方式和样态所能产生的种种美妙影响时，很容易夸大了设施设备的工具价值而忽略了学校教育的人文价值。

"万物互联"可以用设施设备建立起人们的外部联系，而任何硬件设备与软件系统都无法取代学校教育中的人际互动与心灵沟通。智慧校园再"智慧",也无法取代学校教育的情感性特征与社会化功能。

当教师与学生一起在高频地使用各种各样的教学工具、辅助设施来试图提高教学的效率与质量时,人们也很可能忽略了这些工具设施对学生的身体机能与生理机能及心理机能产生的影响与伤害。

当这些高智能化的工具设施高度介入了教师与学生的教学过程、减轻着师生的教学负担时,人们很容易依赖于这些高智能化的工具设施而忽略了师生在教学过程中必须付出的刻苦努力,忽略了师生在教学过程中要获得的主观体验,甚至很可能弱化了人的主观能动性。

社会不会因为汽车可能造成车祸便禁止使用汽车,我们也不会因为智慧校园可能存在的误区与风险而拒绝智慧校园。我们只要能够把握住学校教育的本质特征,认识到一切工具设施都仅仅是一种辅助手段而已,就可以充分发挥人的主观能动性,趋利避害,让智慧校园助推广州中学大踏步地进入一个新时代的发展之中。

(四)学生发展

因材施教、因人而异,让每个孩子都能释放出自己的发展潜能,成为更好的自己——这是我们对"让每一个生命都绽放精彩"的具体要求。

具有跨文化的学习与创新能力，成为能够担当国家民族重任和参与国际竞争的新型人才——这是我们对人才培养规格的具体设定。

实行小班化教学，以选课制、走班制、学分制、合作学习、混合学习为着力点，探索教学组织形式和课堂教学模式的变革，让学生自主发展、个性发展、差异化发展，让教学相长的目标变成现实——这是我们为学生发展所创设的条件。

"接下来，我们会不断完善各种设施，建设STEM实验室、艺术楼、创客实验室等，让学生个性发展更充分；推进选课制，基础课程、拓展课程、研究课程提供给学生更多的选择；推动机器人、AI进校园，让孩子们接触前沿科技；创新评价模式，设立校本选修学分，实行荣誉毕业证书；等等。"这是我在接受传媒朋友采访时进行的细节描绘。

让学生不仅仅满足于考上大学这一目标，而是让自己更优秀，更独特，更适应未来的发展——这是我对广州中学学子的衷心期望。

但是，路漫漫其修远兮，诚如我在揭牌典礼上的致辞：

我们清醒地知道，无论是一所全新学校的起步，还是一项触及利益、格局、传统的改革，都不可能一帆风顺，都将面对种种困难与挑战，因此，来不得半点虚假、懈怠和夸夸其谈。实干兴邦！我们要发挥广州人务实低调、埋头苦干的精神，义无反顾、脚踏实地地向前发展！

我们愿意用自己的不懈努力，让学校傲立潮头，成为广州教育竞争力的一杆标尺，用我们的智慧和汗水，让每一个学生都持续进步，让同龄人羡慕；让每一个教师都富有成就，令同行信服。

附　录

为何把考试当作一把刀？华师附中校长道因由

记者　梅志清　胡键　实习生　陈先哲

《南方日报》2002年8月9日

人物档案　吴颖民，华南师大副校长兼华师附中校长，曾被评为南粤优秀校长，广东普教系统打造的首位"明星校长"，是全国普教系统中有影响的中学校长之一。

南方网讯　当我们终于找到吴颖民，发现这真是无奈之举。办公室坐满了人，走廊上站着从外地赶来的家长，和孩子在一起哭，眼睛都肿了，他们哀求着校长：请你把这孩子收下吧，她的成绩这么好。

社会对名校优质学位的需求是我们名校办民校的最根本原因。

记者（下简称记）：在外人看来华附校长很神气，可当中的不易也许只有你本人才体会得到，这种工作境况也许是中国目前很多校长所面临的。

吴颖民（下简称吴）：实在身不由己。你们看看，想来华附读书的人这么多，可名额又非常有限，刚才那个孩子中考考了700多分，你说我怎会不想要这样的优秀学生呢？！

记：所以你想把一所华附办成四所华附？

吴：的确，社会对名校优质学位的需求是我们名校办民校的最根本原因。我们的目标是三到五年内，四所华附在校生达一万人。

记：一万人，还能保证品牌的优质吗？

吴：我们的扩张不是一步到位，而是稳扎稳打，一万人是三到五年内逐步达到。我对保证华附品牌的质量充满自信。四所学校全部秉持华附的办学理念，在师资上，校长和一部分骨干教师由校本部派过去，大概占四分之一，其他招聘的老师则要先到华附校本部接受培训，进修半年或一年，感受华附的氛围。

记：外界对这三所分校众说纷纭，你们怎么合作？

吴：企业出资金，华附出品牌、出管理。南海学校投资2个亿，番禺学校投资1.3亿，广州新世界学校首期投资6500万元，学校的硬件全部由企业高起点建设。以番禺学校为例，前十年学校逐年还本，但不付息，还清本金后双方开始分成，华附占六成，企业占四成。

记：可不可以说前期这四个亿投入使华附开始走向通往增值的道路？

吴：我们只能说品牌调动了社会的资金，一下子就吸来了四个亿啊。满足了人们对教育的需求，企业也从中得到回报。现在中央都明确鼓励民办教育。企业家不是慈善家，投资是需要有回报的，这个回报只要是合法的，就应允许。如果投资教育不允许有回报，那么就很难发展民办教育。

名校的优质资源搁置不用没有人说浪费，当这些资源服务于社会，让更多孩子有接受良好教育的机会，反有人说你占用国有资源。

记：名校办民校这个话题比较敏感。社会上不少人担心这样会使国有资产流失。你认为呢？

吴：我不同意。相反，我认为这是国有资产的增值。名校的优质资源搁置不用没有人说浪费，当这些资源服务于社会，让更多孩子有接受良好教育的机会，反有人说你占用国有资源，造成国有资产的流失。这没有一点道理。至于有些房地产商投机取巧，有些民校办学动机不纯，有些因缺乏管理而倒闭，或者出现经济纠纷，这与当前教育法规不健全、管理跟不上有关，而不能说明民办教育本身是一件坏事。我认为发展民办教育关键是要把握住大方向，要用邓小平同志"三个有利于"和江泽民同志"三个代表"重要思想来分析判断，而不能在枝节问题上斤斤计较，吹毛求疵，否则会耽误整个教育以至整个国家的发展。

记：引进华附办分校，对于当地的公办学校来说，会不会是引狼入室？

吴：民办学校办得好，对公办学校是强有力的竞争，老百姓有了多种选择。花钱读书那是公民权利。政府对公办学校的投资丝毫未减，民众可以自由选择。有些人担心这会引狼入室，这是一种短视。中国加入WTO（世界贸易组织）了，外国的学校都要涌入中国办学了，为什么还排斥我们国内的名校参与办学竞争呢？

教育要从卖方市场转入买方市场，参与市场竞争的人多了，才会有质高价廉的教育服务。

记：但是老百姓要读你们民校还是要花相对多的钱，而且会不会出现谁给的钱多，谁就可以来读的现象呢？

吴：在这方面我们坚守自己的办学原则，至于收费，民办学校的收费当然比较高，但同时教育要从卖方市场转入买方市场，参与市场竞争的人多了，才会有质高价廉的教育服务。如果不开放市场，引入竞争，价格就无法降低。

我们三所民校对招收的学生都要进行面试和笔试，从中筛选，并不是谁钱多谁就可以进来读书。同时还采取一些适当的优惠政策，保证优秀生源。比如在南海学校，我们就承诺参加广州中考达到600分以上的学生按公办学校的标准收费，这一下子从广州涌去了几十个优秀学生。

我不赞成教育完全按照产业规律来运作，但教育在一定范围内是可以营利的。

记：我听说华附准备在这个基础上组建教育集团，这也是目前我们听到的首个由中学组建的教育集团，但是一所名校组建教育集团会不会强调市场的营利性而忽视教育的公益性呢？

吴：组建教育集团主要是为了更好地实现资源共享，开展教育科研，推进教改实验，开发教育软件，而不是扩大营利的空间。学校的规模发展起来后，我们还要办专门的研究机构，不断地开发课程。国外著名企业，背后必然有一个非常强大的研发机构，学校也是如此，也要有智力支持。不是有句话说，看一个企业的今天，看它的营销；看它的明天，就看它的研发；看它的后天，就看它的人才。但这都必须有一定的经济基础。我们这两年的工作就是为此打好基础。等到我们几所学校形成一定规模，还本之后有节余，一定会扩大按公办学校收费甚至免费的学位数。

记：那是不是走教育产业化的路子？

吴：我不赞成教育完全按照产业规律来运作，但教育有多重属性，包括事业属性和产业属性。作为产业，在一定范围内是可以营利的。未来几年将有大量的国外教育机构涌进国内办学，就是瞄准了中国巨大的教育市场。可以按照产业运作的部分，就要按照产业方式去运作，并将经济回报投入教育公益性事业，用自身的产业运作促进办学条件的改善，减轻政府负担。

采访数次被打断，手机、传呼机也不断地干扰吴颖民的思路，最后没办法，校长只好将电话线拔掉，将所有通信工具关闭，对于很多人来说，校长又"失踪"了。

奥赛尖子的培养，并非像一些人所想象的那样，是在制造考试机器。

记：香港地区今年才拿到第一枚奥赛金牌，而华附一所中学就已接连拿下六枚奥赛金牌，不少人看了报道后都说，这个华附，是不是有什么特别的办法专门培养奥赛金牌得主？

吴：其实，我们的学生和别的学校的学生没什么很大的不同，但肯定有自己的特点，例如华附的学生也许是广州地区课时最少的学生，上午上五节课，下午才上一节课，每节课40分钟。我们学校有个特点，就是不主张满堂灌，而是要学生到社会中去学，这就是学校从20世纪80年代就开始坚持的研究性学习，只是当时不叫这个名字。我们鼓励学生搞课题研究，你对什么有兴趣，你就去做这方面的研究，去选择自己认为可以胜任的导师，一个学生的职业理想、创新精神、实践能力可能就因此而来。

记：但是，也有人对奥赛金牌提出异议，他们说，华附会不会为了让学校出名，而把学生赶上一条专门应付奥赛选拔的路子？

吴：奥赛尖子的培养，并非像一些人所想象的那样，是在制造考试机器。奥赛要获奖，需要扎实的基础知识，需要对知识的深刻理解和灵活运用，需要有运用基础知识解决复杂问题的能力，需要有活跃的思维和良好的动手能力，需要有良好的身体素质和心理素质，绝对不是培养过去那种对付一张卷子的应试尖子。

记：我们每每为中国学生在奥赛夺得一面又一面金牌而欢呼时，有个问题不能回避：为什么中国学生可以在奥赛中频频拿奖，而诺贝尔奖到现在还没有一个中国人能拿得到呢？

吴：我国从20世纪80年代中期才开始参加国际学科奥林匹克竞赛，成绩越来越好，说明中国有许多优秀人才的苗子，但要真正成为优秀人才，还有很长的路要走。从基础教育的角度看，要培养能冲击诺贝尔奖的拔尖人才，关键还要培养学生独立思考的习惯和品质，学会质疑，敢于挑战权威，具有不唯书、不唯上、只唯实的精神。当然，现在要拿诺贝尔奖，除文学外，经济条件、实验手段也是十分重要的，是一个系统工程。

我特别看重那些勤俭、刻苦的孩子，正因为华附学生大部分家境比较优越，我就更看重这一点。

记：作为校长，你平时比较偏爱哪种类型的学生？

吴：我个人特别看重那些勤俭、刻苦的孩子，正因为华附学生大部分家境比较优越，我就更看重这一点，其实这是华附多年来的一个传统。我们这次两位奥赛金牌得主，都是普通家庭出身，父母还有人下岗，但成绩就出在这些"寒门"，为什么？值得我们整个社会来思考。

记：但时代发展到今天，作为校长你和同学们去讲勤俭节约、勤奋刻苦，他们会不会觉得老土、过时呢？

吴：我认为在求学期间，还是应该多点精神追求，少点物质追求。节俭的品德和对自己对他人对父母对社会的责任感，是人生的一笔宝贵财富。现在有些孩子花钱能力很强，却不懂怎么创造财富，我觉得艰苦奋斗的教育没有过时。

记：其实很多家长对子女教育是非常重视的，但对一些问题就显得无能为力，总是寄希望于学校。

吴：教育要有一个氛围。通常说社会是大环境，学校是小环境，学校不能左右社会的大环境，但起码可以呵护住自己的小环境，不能因为学校的小环境抵挡不了社会不良风气的冲击就放弃努力。家庭教育非常重要，它是潜移默化的，家长的言传身教对子女的影响是深远的，学校教育不能代替家庭教育，而必须与家庭教育很好地配合。

记：该怎么去保持学校小环境的纯净呢？

吴：我觉得现在城里的孩子普遍缺少吃苦的磨炼，一定要补充这方面的营养，否则就会"营养不良"。我们华附的学生年年都要去农村体验生活。孩子们一从农村回来，共同的想法是：我们真是生活在天堂。有了强烈对比之后，他们开始变得朴素了，也学着体贴父母了。

还要在学校营造属于自己的校园文化，营造催人向上的文化氛围，不能因为社会上存在阴暗面或格调不高的东西就不敢理直气壮地对学生提出较高的要求。

考试是一把刀子，关键是看用刀子的人怎么用。

记：说到素质教育，就不能回避应试教育，你对考试有一个很特别的比喻，说考试是一把刀子。

吴：刀子，既可以成为减轻人们劳动强度的工具，也可以成为谋财害命的凶器。现在考试这种评价手段，我认为既可以为应试教育服务，也可以为素质教育服务，关键在于我们以一种怎样的指导思想和价值取向去运用它，看用刀子的人怎么用，用在什么地方。

记：但是目前很多学校还是一切围着高考指挥棒在转。

吴：应该说考试到目前为止，还是一种诊断教学状况，调动学生学习积极性，提高教学质量和学习效率的有效办法，也是一种相对公平的选拔人才的方式。我们讲素质教育，并不是简单地否定考试。

选拔不同类型人才应有不同的方式，如果只用一种尺度来衡量一个人，那就会失之公允。这就是考试的两重性。既不能把考试说得一无是处，说考试摧残人，也不能过分高估考试选拔人才的功能。它未必是最科学的。正因为如此，高考"状元"不应被大肆炒作，否则会会让他们觉得自己很了不起，看不到夺得"状元"有一定偶然性。他们的路才刚刚开始，高考一冒尖就给他们太多的荣誉，反而对他们不好。

记：那么，像华附这样的学校到底注不注重升学率？

吴：说一点不注重是假的，毕竟社会对一所学校的评价多多少少与升学率有关，但分数不是华附学生唯一的追求。我们不希望产生"高分低能""高分缺德"的人，不希望以热热闹闹的"达标""超标"来代替扎扎实实地培养高素质现代人的追求，片面追求升学率只会产生"泡沫教育"。

没料到对话一谈就是三个小时，天越来越黑，猛然下起了倾盆大雨，不时回头看看窗外的吴颖民这时实在忍不住，站起来，走到走廊上，安慰起那几位远道而来的家长和学生……

我心目中最理想的华附是朝气蓬勃，追求卓越，不甘平庸，勇于创新，要做就做到最好。

记：你说要把华附发展成世界一流的中学。要办世界一流的大学听得多了，可要办世界一流中学好像是第一次听到。你认为现在华附离这个世界一流还有多大差距呢？

吴：从硬件上看，我们可以说已经达到了国际一流水平，但离真正世界一流还是有较大差距。首先我们的参照系要改变，育人的观念和方式要改变；其次在师资队伍的建设上还应继续努力，拥有研究生学历的教师比例还要提高；此外在管理水平上也还有差距。

记：有时候会不会有高处不胜寒的感觉？

吴：真的，今年取得这么大的成绩，我内心一点也不轻松，等于又给自己提出了更高的要求，要超越真的很难。

记：学校为了纪念50周年，树的雕像不是大人物，而是自己身边那些在国际大赛中获奖的"明日之星"，是不是蕴含着会将更多的目光投向未来之意？

吴：树立雕像的目的就是为了给后来者一个激励。科学家的塑像会令学生有距离感，而同龄人的塑像会令学生们有追赶的热望。尽管雕像无声，但我相信这种教育力量是无穷的。

记：教育界认为，一个好校长就是一所好学校，一个校长可以决定一所学校的兴衰。华附这50年，你最佩服的校长是谁？

吴：当然是老校长王屏山，他为华附的今天打下了非常好的基础，确立了独特的办学思想、管理理念、优良传统，尤其是他对年轻人的培养、扶持，对学生所倾注的情感，值得我永远学习。

记：那么作为21世纪的华附校长，你心目中理想的华附又是什么样的呢？

吴：朝气蓬勃，追求卓越，不甘平庸，勇于创新，要做就做到最好！

华附任期最长校长卸任

回顾17年"吴颖民时代"，老校长称"我对华附的构想基本实现了"

记者　毕嘉琪　实习生　赵茹
《南方日报》2013年8月12日

人物档案　吴颖民，1950年生，广东惠来人。1976年毕业于华南师大化学系，1978年进华附工作，1984年任副校长，1996年任校长。1999年起任华南师大党委常委，2001年起任华南师大副校长兼附中校长。广东省第九、十一届人大代表，华南师范大学基础教育研究与培训学院院长。研究员、博士生导师、中学特级教师、享受国务院政府特殊津贴专家。

这几天，华南师范大学附属中学的校园里又迎来了一拨又一拨的媒体。

这一回，不是因为又出了高考高分生，也不是因为又有"牛人"登上国际赛事的领奖台，而是在学校即将迎来125周年华诞之际，连任17年的老校长吴颖民卸任了。在华附的"吴颖民时代"里，记载着一所百年名校的辉煌，也记录着广东基础教育的发展与创新：率先将可持续发展的思想引入中学教育，培养出一大批领袖精英、个性化人才；一校"变"四校，在全国首创教育集团，成立华附教育基金会……

如今卸下了华附校长的重担，回首35年的教学生涯，这位年过六旬的教育专家对自己、对华附、对广东教育的未来有了更深的思考。

谈卸任

"我今年已经63岁啦！现在有很好的接班人，又有很重要的事情去做，有什么舍不得呢？"

记者（下简称记）：做了17年的校长，现在退下来是什么感觉？

吴颖民（下简称吴）：感觉轻松了。做中学校长真的压力很大，尤其是做名校校长，做住宿学校的校长，做社会关注度极高的名校校长。教育是一个高关注度的领域，作为名校校长，必须要很好地去了解领导、学生、同行、市民等社会各方面对你的期望。

不是说别人对你有意见，你就要按照人家的意见去改变自己。但我们毕竟不是生活在真空里，不能完全对外界的东西毫不在意，就看你自己怎么去调整和对待。这些年，能够把自己的教育理想、教育思考付诸实践，我觉得很开心。

记：所以离开这个重要的位置，也会舍不得？

吴：没有舍不得。华附本身就有很好的领导班子和教师队伍，这些年奠定了很好的思想、文化、人才和物质基础，学校有很好的发展态势，不是说只有我才能领导好华附。华附的事业是大家的，不是我一个人的。

当然，我对学校是很有感情的。我在华附35年，见证了这里的发展变化，其中相当一部分是我的贡献。看到学校这么健康，我觉得很欣慰。我今年已经63岁啦！现在有很好的接班人，又有很重要的事情去做，有什么舍不得呢？

记：您说卸任后还要去做"很重要的事"，具体是什么？

吴：我会把更多的精力放在华师大交给我的中小学教师和校长培训工作上。这次省教育厅和华师大同意我从附中校长的位置退下来，其实还有一个原因：就是让我做好省里的教师培训工作。2009年，华南师范大学成立了基础教育研究与培训学院，我做院长已经四年了，华师承担教师"国培"和"省培"的任务很重，基本上都是我在筹备张罗，多头兼顾确实是很累的。

记：很多媒体把您在任华附校长的这17年称为"吴颖民时代"，您个人怎么解读？

吴：就是任期长了一点嘛！（大笑）现在很多学校校长的任期短，不能给学校留下很深的烙印。因为我的任期长，应该说给华附留下蛮多的烙印，所以才会有"一个时代"的说法。这是对我过高的评价啦！当然，这也与华附特殊的管理体制有关。作为省属学校，华附校长有更大的办学自主权，这使得校长与学校的关系更加紧密。

谈华附

"我心目中最理想的华附是朝气蓬勃，追求卓越，不甘平庸，勇于创新，要做就做到最好。"

记：回顾您上任时对华附的构想，现在完成了多少？

吴：应该说有七八成吧！很难量化，我的想法基本上是实现了。我心目中最理想的华附是朝气蓬勃，追求卓越，不甘平庸，勇于创新，要做就做到最好。在我任期内，华附在广东、在国内的影响达到了一个新的高度，大家比较公认华附是广东基础教育的领跑者，这是很值得高兴的。

华附的办学风格很鲜明，很多人会觉得华附跟其他学校不一样，尽管这个独特的地方有点争议，但是毕竟很有个性。这些年学校持续高速发展，从升学率、各种竞赛、学生科研、农村社会实践、关注社会的志愿者到学校里的社团，在各个领域都可以看到华附非常有才华的学生，这就是我们培养的目标。

此外，华附教育集团在我的任期内建立起来，每一个学校都很健康，都是一个品牌。而且华附有国际部，还成立了教育基金会，找到了后续持续发展的资源，这里面不仅有校友、受益者对母校的感恩和关注，也为社会企业关注教育提供平台。我很欣慰，这十几年不仅是办好了一个学校，还做了一些对教育有意义的事情。

记：那剩下没有完成那两三成是什么？还有什么让您感到遗憾的事情吗？

吴：华附还有很多需要完善及自我超越的地方。比如说课程体系建设还不够理想。好的课程体系才能确保一批批学生都是高质量的，这几年我一直加快步伐，但在我任期结束的时候还没有很完善，新班子会继续推进。华附课堂教学的改革也要继续加大力度，还可以更新更活。此外，我觉得对教师的关注主要是三大方面：专业发展、生活待遇、职业精神，教师要更敬业、更专业、更热爱这个职业。华附对教师的培养还可以做得更好。

谈创新

"当校长不能只是顾着自己所谓的'乌纱'，而是应该就教育问题发出应有的专业的声音。"

记：刚才提到了您任内一件重要的事情。2002年华附"一校变四校"，创办了南海学校、番禺学校、广州新世界学校三所民办学校，成立首个由中学组建的教育集团。但"名校办民校"一直是个敏感话题，不少人担心会使国有资产流失。

吴：名校的优质资源搁置不用没有人说浪费，当这些资源服务于社会，让更多孩子有接受良好教育的机会，反有人说你占用国有资源，造成国有资产的流失，这没有一点道理。"名校办民校"虽然有争议，但它们都是根据《中华人民共和国民办教育促进法》的条文办的学校，应该说是顺应时代需要而生的。

记：还有声音说，"名校办民校"导致了当前"小升初"择校热的加剧。

吴："名校办民校"是引发择校热还是缓解择校热，这是两个不同的结论。前者出现的问题特指广州这样的情况。当年广州创建示范性高中，学校只好以减小初中来扩大高中的办学规模，于是很多初中被剥离出来。当时，政府的精力放在了普及高中，没有精力打造一批优质公办初中，来填补百姓对优质初中教育的需求。于是名校办的民校做大做强了，公办的初中却没有做强，使得如今老百姓宁愿交钱去上民办学校，也不就近上免费的公办初中。

现在旧的矛盾解决了，却回过头来通过名校复办初中、各区办外国语学校等方式打压民办学校，这对民办教育公平吗？广州应该很好地反思这几年为何没有公办名牌初中做大做强。

记：作为一名体制内的教育工作者，您这么"敢说敢做"，底气在哪儿？

吴：首先我是有责任感的。我们做教育，就是为国家培养后代人才，教育工作者对于人才培养，对社会文化价值观的传播，理应做好引导，这本身就是教育工作者的职责所在。当校长不能只是顾着自己所谓的"乌纱"，而是应该就教育问题发出应有的专业的声音。

跋　语

终于完稿了！

我如释重负，离开书桌，斟一盏香茗，氤氲茶香弥漫开来，始觉一阵轻松惬意。伫立窗前，静静地，我若有所思，所思若无，任由思绪在蓝天白云间随风飘荡。

虽然完稿了，有些东西仍然挥之不去，萦绕于怀。

华南师大附中，她不仅是我曾经工作过的地方，更是孕育我成长、成就我教育人生的沃土。对她，我不仅怀有感恩之情，更有敬畏之心。因为，华南师大附中是由历代华附人共同创立、精心打造的一个优质教育品牌，是所有华附人的心血结晶。

如果要用一个词来形容我调入华南师大附中工作时的心态，那就是一个"敬"字——敬仰其名校风采，敬佩其师生风范。如果还要用一个词来形容我接任华南师大附中校长职务时的心态，那就是一个"畏"字——畏惧有负众望，担心传承不好学校优良的办学传统。

时至今日，我终于可以向我的前任——黄杏文校长、岑学干校长、王屏山校长、蔡汉平校长等一众前辈们报告，在我任内，华南师大附中仍然是广东乃至全国基础教育界一名敢为人先的改革尖兵，一面傲立潮头的旗帜，一所蜚声海内外的名校。

我可以向所有的华附人报告，我没有辜负众望，华南师大附中依旧光彩照人，你们的母校仍然值得向世人炫耀。

记得离任之时，我与一干校友徜徉在校园的落日余晖之中，突然联想起宋代词人宋祁的词句："为君持酒劝斜阳，且向花间留晚照。"如此情景，如此词句，用以抒发一下不负众望之后的轻松，倒也颇为贴切。

在管理学校的职业生涯中，我始终告诫自己要注意摆正位置，处理好几种基本关系。与学校之间，不只是因为你的工作成绩而让学校增光，更因为学校给了你展现自己的平台；与同事之间，不只是因为你的领导而让同事们取得了成绩，更因为大家的成绩成就了你的管理；与学生之间，不只是因为你的带领而让学生们获得了良好发展，更因为学生们的良好发展实现了你存在的价值。把握处理好这些关系，才能建设出一种同事互动、教学相长的管理生态。

立志成才教育，是华南师大附中自20世纪50年代以来便坚持对学生进行的思想引领；立志成才，则是我无论是在粤东山区的水东中学时，还是在华南师大附中时，在教育学生中反复使用的主题词。当时我们提出，立志成才教育，就是要解决好"为谁成才、成什么样的才、如何成才"三大问题。立志成才教育，既要解决成才方向、动力问题，就需要理想信念；又要解决成才目标问题，就必须把国家期待、社会需要与个人追求结合起来，实现全面发展、学有所长；还要解决好途径、方法问题，这就需要自我认知和学风学法指导。如此一来，德育与智育、学校教育与社会实践、国家发展与个人成才、胸有大志与脚踏实地就有机地结合起来了。我自己从知青变身为教师、从青涩走向成熟的人生历程中，对"立志成才"的默默践行，就是对华南师大附中"立志成才教育"这个德育传统的个案诠释。

已然是一种优良传统，便具有一种超越时空的穿透力和稳定性，不可因为校长更替而丢失，更不可因为追求时尚而放弃。

对学生的教育要求，是以教育者的身体力行为引领的。缺乏教育者自身体验的空洞说教，恐怕连自己也说服不了，更何况是学生。

我对华南师大附中德育传统的理解、坚持和发扬，既基于自己的生命体验，又基于对前任校长们教育睿智的佩服与尊重。

在此书写作过程中，常常回想起王屏山老校长的教导：千万不要小看中小学教育，学问大着呢！中学教育是一个巨大宝库，其中的宝贝也许一辈子都挖不完……老校长的话千真万确！今天看来，我干了一辈子教育，对基础教育规律的理解，也仅仅是入门而已。

我还常常想起我的前任蔡汉平校长，没有他对我的充分信任和支持，我也不可能有那么多的锻炼机会和施展平台，也就难有后续的发展机会。

在本书付梓时，我还要感谢我在华南师大和华南师大附中、广州中学工作期间的同事们，是你们对我的支持和理解，让我的不少想法能够落地。感谢广东教育出版社对本书出版的支持！感谢我的好同事好朋友麦志强先生对我在思想凝练和文字写作方面的无私帮助！当然，还必须感谢我的太太，没有她的理解、支持和奉献，我也不可能专心致志、全力以赴地去做好我的工作。

……

心中所想，未必能尽展于笔下，因为，我只是一个教育工作者，而不是一个专业的文字工作者。草就此书，于我而言，已属不易，至于文字的表达效果如何，文句是否畅顺无误，词语是否准确得体，等等，就只能尽力而为。只要不是太过离谱以致贻笑大方，已自觉大幸。

希望，白纸黑字之间，能给人们留下一个依稀印象——众里寻他千百度，蓦然回首，那人却在灯火阑珊处。

是以为跋。

2020年2月20日